佛菩薩50問

學佛入門 Q&A

法鼓文化編輯部 編著

〈導讀〉

與佛菩薩同願同行

根據美國探索集團教育部門（Discovery Education）所提供的信息，認定全世界具規模的五大宗教是：印度教、伊斯蘭教、佛教、基督教、猶太教，此五大宗教不但信徒眾多，流傳久遠，且跨越不同的種族與國界，成爲國際性的宗教，各自創出不同信仰的宗教文化，色彩繽紛、燦爛奪目。

佛教既是此五大宗教的其中之一，可知站在全球的文明演變史與文化發展史上，是占有舉足輕重的地位。而回溯兩千六百年前，釋迦世尊在印度菩提迦耶菩提樹下，悟道成等正覺，成了人間的第一位「佛陀」。又走到鹿野苑初轉法輪，教化五比丘爲佛弟子，此具足了佛、法、僧三寶，佛教正式立教。

而自立教以來，佛法先自恆河流域，逐漸向印度南北流布，北傳向西北的印度河流域上游，入中亞，至中土，南傳越過孟加拉灣，流播東南亞一帶。佛法教義也由原始佛教，演為部派佛教、小乘佛教，而大乘佛教。

以中國學術史而言，自漢代以下，佛法便與儒家、道家共為三大思想主流之一，影響著漢民族的信仰生活。尤其在五世紀的北魏創出第一階段的隆盛期，至七、八世紀的大唐，更創出第二階段的輝煌期。當其時，佛教石窟寺院林立，佛化大行，長安被譽為全世界文明的重心。

透過中土佛教文明的昌盛與高度影響力，佛教也流向朝鮮、日本、西藏，再加上東南亞，成為全亞洲人共同的信仰。

就佛教的內涵而言，那不只是一種宗教，其教義不是對神的信仰與依賴，而是對十方三世的宇宙認知，對具三難八苦的人生體悟。佛教既具有圓融無礙的義理思維，又因諸佛菩薩的願力加持，且強調秉持著自力觀與因果觀，任何人只要信仰佛陀的教化，依教奉行，依法修持，祛除迷惑，必能離苦得樂，邁向成等正覺的佛陀之途。因此，佛教義理，既是一門哲學，佛教信仰，更是智者與覺者的信仰。

而佛法的流布過程中，釋迦世尊示現涅槃後，最初五百年中，佛弟子是不以人間的形相來紀念世尊，只以菩提葉、法輪、金剛座、佛足等圖像做爲象徵的符號，以示佛陀法身的所在。直至一世紀前後，在貴霜帝國迦膩色迦王的倡導下，興起大乘佛法，同時也創作了全世界第一尊人間像的佛像，不過此具希臘阿波羅神面貌的人間像佛像，卻不同於一般的人間像或神像，爲表現是成等正覺的大智慧者，因此具「三十二相、八十種好」。

但是此「三十二相、八十種好」中，比較明顯形諸圖像者，爲「頂有肉髻、項有圓光、眉心白毫」等，此特徵經歷了兩千年來，始終是佛像的標竿，無可取代。

若將「三十二相、八十種好」簡單歸納之，佛像的姿勢，尤其是坐姿，其實是代表戒、定、慧三無漏學，是三藏十二部佛法的總綱。首先，若仔細瞻禮佛容聖相，便可發現端莊圓滿的五官中，佛的眼簾是下垂的，此種眼神，一者，代表慈悲；二者，象徵反觀自省，是嚴守戒律的表現。其次，再巡禮結跏趺坐的佛像，那雙腿穩定的坐姿、挺拔的腰背、凝神的表情，若再加雙手疊於腹前作「禪定印」者，則「禪定」的意涵，更發揮得淋漓盡致！再者，前述的「頂有肉髻、項有圓光、眉心白毫」等特徵，則都是智慧的展現。因此，仔細瞻禮佛相，也是一種修持戒、定、慧的法門。

至於菩薩像，最早問世者，是爲彌勒菩薩，是貴霜帝國貴族的裝扮，傳入中土後，更盛行了觀音、文殊、普賢、地藏等四大菩薩的信仰。

在佛法的十法界觀中，分成四聖與六凡，六凡是指天、人、阿修羅、畜生、餓鬼、地獄等，又稱六道，是世間法，處於六道的衆生，依業力而一直在輪迴之中。至於四聖是指佛、菩薩、緣覺、聲聞等四個法界，是出世間法，不受輪迴之苦者。而人，屬六道的衆生之一，既無天道的享樂無盡，亦無下三道衆生的受苦無量。因此，處在人世，正是立定修行目標，出離六道輪迴的好時機，何況而今我輩何幸能生活在佛教興盛的國度，正所謂：「人身難得今已得，佛法難聞今已聞，此身不向今生度，更向何生度此身？」

《佛菩薩50問》一書，將深奧的佛理，以淺顯易懂的文字，逐條解析，以便未熟悉佛法的朋友，得以建立佛緣，是功德無量！

法鼓文理學院兼任教授

陳清香

乙未春日於士林志成園畔匆促行筆

目次

1　學佛成佛，學菩薩做菩薩

2

成佛有方法

3

非認識不可的佛菩薩

4 與佛菩薩心心相印

1

學佛成佛，學菩薩做菩薩

Question

01 什麼是佛？

佛是佛陀（Buddha）的簡稱，梵文意為覺悟的人，不但自己覺悟，也能覺悟他人，是圓滿覺悟者。

開啟佛道

距今二千六百年前，在古代的印度迦毘羅衛城，降生一位名為悉達多．喬達摩的王子，出家成道後，被尊為「無上正等正覺」的佛陀。因為他是釋迦族的聖人，又被尊稱「釋迦牟尼」，是佛教的教王，為人們開啓學佛成佛的道路。

在原始佛教中，僅有釋迦牟尼佛一尊佛，菩薩則是專指尚未成佛前的釋迦太子。雖然其他的佛弟子也能證涅槃，但是皆只能稱「阿羅漢」。直至有大乘經典，

（王傳宏　攝）

而有「三世諸佛」的觀念。過去世、現在世、未來世，稱爲三世，在佛教成立的當時，釋迦牟尼佛稱爲現在佛，在釋迦牟尼佛以前的一切佛稱爲過去佛；在釋迦牟尼佛以後成佛的稱爲「未來佛」。三世諸佛，統指出現於三世的一切佛。三世諸佛的思想能鼓勵衆生生起信心，好好修學菩薩道，肯定將來都會成佛。

皈依十方三世一切諸佛

從時間上來看，時間離不開空間，既有三世諸佛，就一定有十方諸佛。我們皈依佛、法、僧三寶，便是皈依「十方三世一切諸佛」。

佛與菩薩看似不同，其實諸佛皆是由菩薩而來的。菩薩的意思是「覺有情」，是自覺、覺他者。菩薩在自覺、覺他修行圓滿後，便會成佛。

成佛是菩薩道的終極點，我們應相信自己與一切眾生都能修行成佛，並且等視一切眾生都是未來諸佛。

Question

02

什麼是菩薩？

菩薩，是梵文音譯的簡譯，全譯是「菩提薩埵（Bodhisattva）」。菩提是「覺」，薩埵是「有情」，因此菩薩便是「覺有情」。「有情」是指有情愛與情性的生物，主要就是指動物。菩薩不但是覺悟的有情，並能覺悟一切眾生的痛苦，同情一切眾生的痛苦，進而解救一切眾生的痛苦。菩薩在信佛學佛後，不但發願自度度人，甚至會捨己救人。

發願做個名副其實的菩薩

菩薩是眾生成佛的必經身分，眾生要成佛，必須先發大願心，最主要的有四條，稱爲「四弘誓願」：「眾生無邊誓願度，煩惱無盡誓願斷，法門無量誓願學，佛道無上誓願成。」可見，要成爲一個名副其實的菩薩，並不容易。

不過，從最初的發心發願，直到成佛爲止，都可稱爲菩薩，所以有凡夫菩薩與賢聖菩薩的不同。通常佛經中所說的菩薩，都是指聖位菩薩，依《菩薩瓔珞本業經》，菩薩共分五十二階位，即從初信到十地，加上等覺、妙覺。其實，妙覺菩薩就是佛，等覺菩薩則是即將成佛的大菩薩。我們所熟悉的觀世音、大勢至、文殊、普賢、彌勒、地藏等菩薩，便是等覺位的大菩薩。

上求佛道，下化眾生

我們信佛學佛的目的，是希望自己也能成爲佛。但是佛的境界，不只至高無上，成佛之道的歷程，更是艱鉅遙遠。從學佛到成佛，要經過多久的時間呢？需要經過三大阿僧祇劫的漫長時間。雖然成佛難成，但只要發願修學菩薩行，上求佛道，下化眾生，以六度四攝，透過利人來成長自己，最後一定能圓滿成佛。

菩薩，是由於實踐了成佛之道而得名；成佛，是由於實踐菩薩之行而得果；菩薩道是成佛的正因，成佛是菩薩道的結果；要成佛，必先行菩薩道，行了菩薩道，必定會成佛。

Question

03

爲何諸佛皆出於人間？

佛教雖然說一切衆生皆有佛性，能夠修道與悟道的，卻只有人類。即使尊爲天神，也無法在天上成佛，必須以人身在人間修道。

人身是修行道器

釋迦牟尼佛在人間以肉身成道，表示凡有人身的，均有機會轉凡成聖。釋迦牟尼佛在人間成佛，在人間說法，皆是針對人間疾苦，指出離苦得樂的道理與方法。佛的弟子主要是人，也由人間的四衆弟子傳持佛法，佛法的基本道理是告訴我們做人方法與盡人的責任，也只有「人間身」是修行的工具，稱爲「道器」。

最早提出「人間佛教」觀念的印順法師，他在《契理契機之人間佛教》中說：

「在國難教難嚴重時刻，讀到了《增一阿含經》所說：『諸佛皆出人間，終不在天上成佛也』。」他指出諸佛在人間成佛的記載：「《阿含經》如此說，初期大乘經也如此說，正確的佛陀觀，是不能離卻這原則的。」又說：「佛經說人身難得，佛法難聞，只有人最爲難得，才能學佛。」「一切衆生都可成佛，但六道中眞能發菩提心而修菩薩行的，唯有人。佛性功德，人身最爲發達，所以人才能學成佛。」至於如何以人身學佛，印順法師主張「當從十善菩薩學起」。

激發修行道心

即使是強調他力救濟求生西方極樂世界的《無量壽經》，也認爲娑婆世界是學佛最快得力的國土，甚至是比生到佛國更佳的修行環境，於娑婆世界以人間身修行善法，一日一夜功德，勝過生於極樂國土修善百年，十日十夜，勝過他方佛土千歲。有此一說的原因在於，人間雖有種種苦逼，心勞形困，卻能激發出離心、

（鄧博仁　攝）

菩提心、慈悲心，精進修學六度萬行無量善法，速得成就自利利他的菩薩道業。

人身難得今已得，佛法難聞今已聞，已得珍貴的人身，又有聽聞佛法的福報，怎能不把握精進修行的機會？

Question

04

佛陀如何由人成佛？

佛教與其他宗教最大不同處，在於無神論，強調沒有創造者，衆生平等，人人皆可成佛。佛教主張因緣與因果論，否定神的權威，既不偏向唯神論的迷信，也不走向唯物論的極端，主張透過修行提昇生命，覺悟生命的智慧，誰能達到這個目的，便是成了佛陀的人。

釋迦牟尼佛以父母所生的人身，成就無上的佛果，讓我們看見人間成佛不是神話傳說，而是確實可行的修行道路。

出家尋求解脫道

佛陀原本貴爲印度的王子，但是他無法解決人生的生老病死苦惱，決心離開

（李蓉生　攝）

王宮出家修行。他曾經向多位修行瑜伽有名的仙人學習，但是即使修證到與老師相同的境界，仍不能滅除苦惱，因此前往苦行林。

他的父親，淨飯王特別派遣五位侍者隨側保護他：阿若憍陳如、跋提、婆波、摩訶男、阿說示，結果他們被佛陀求道決心所感動，隨他苦行。六年苦行，他們每天以一麻一麥爲食，變得羸弱枯槁，佛陀因此明白苦行不能證道，便放棄苦行，而接受牧羊女的乳糜供養，重新調整修行方法。五位同伴卻以爲他退失道心，所以離開佛陀前往鹿野苑。

佛陀眼看五位同伴離開，反而更堅定求道的心，來到菩提伽耶的菩提樹下發誓願：「不達究竟正覺，終不起此座。」在他證悟後，立即想到這五位同伴而前往鹿野苑，希望讓他們和自己一樣明白生命實相，進而解脫。他們原本以爲佛陀退失道心而不願理會，卻被佛陀顯現的得道威儀相懾住，想知道佛陀如何證道。

佛、法、僧三寶具足

佛陀因此對五個人開示他所覺悟的「四聖諦」與「八正道」。四聖諦為：苦諦、集諦、滅諦、道諦，即是佛教史稱的「初轉法輪」。苦諦是遍及眾生界的苦惱，集諦是這些苦惱的原因，滅諦是滅除苦惱的結果，道諦是以修持八正道滅苦的方法。八正道包括：正見、正思惟（又譯正志）、正語、正業、正命、正精進（又譯正方便）、正念和正定。

聽聞佛陀說法後，憍陳如很快證得阿羅漢果，由於是佛初轉法輪第一位證悟，故以「阿若」稱之，而另四位也一一皆證果。憍陳如請求出家，佛陀應允後，另四位也請求出家，世稱「五比丘」，這是佛教最初建立的僧團，於是佛、法、僧三寶具足，出現世間。

佛陀將他自己成佛的經驗和方法，告訴他的弟子們，讓弟子們一邊照著佛陀的話來修行，同時也輾轉告訴他人，這便是以成佛的方法教化人類的佛教。

Question

05

什麼是如來十號？

拜佛、念佛是佛教徒日常的修行，但我們拜佛時，心中在想什麼？念佛，又是念的什麼呢？《雜阿含經》提到，佛陀留給我們一個法寶：「佛隨念」，也就是時時憶念「如來十號」——如來、應供、正遍知、明行足、善逝、世間解、無上士、調御丈夫、天人師、佛、世尊，與佛同行。

如來十號，含攝十方三世一切諸佛的萬德莊嚴，每一個稱號皆代表一項佛德，也是我們學習的榜樣。十大名號，一般會列舉出十一號，但從內涵來看，大抵爲九種德行：

1. 如來（tathāgata）、善逝（sugata）：佛陀爲何來到娑婆世界？來去之間，他循怎樣的道路，自度度人？「如來」與「善逝」常被合爲一組做解讀。

佛陀從因地行菩薩道開始，修習布施、持戒、忍辱、精進、禪定、智慧、方便善巧、願、力、智等十波羅蜜，成就佛果不是爲了自己，而是引導我們抵達解脫的彼岸。佛的到來，是爲著衆生的幸福和快樂而來，是爲「如來」、「善來」。佛所行走的道路，是清淨、善妙，通往究竟解脫的康莊大道，所以又稱「善逝」。

2. **應供**（**arhat**）：應供，從字面上看，是指佛的功德清淨圓滿，値得一切衆生，包括梵天及諸天神衆的供養。但是梵文 **arhat**（阿羅漢）還含有殺賊、破輻、遠離一切不善、不在隱密處造惡等多重意義。阿羅漢原意「殺賊」，是用智慧之劍，殺掉煩惱賊；煩惱是輪迴的根本，所以又稱「破輻者」，破除由十二因緣所組成的車輪及輻條，不再輪轉。由於具有上述諸種功德，佛被稱爲最勝應供者。

3. **正遍知**（**samyak-saṃbuddha**）：佛陀透過自己的努力，遠離一切顚倒，證悟苦、集、滅及滅苦的道路，了知並通達一切法，所以稱爲「正遍知」。

4. **明行足**（vidyā-caraṇa-sampanna）：「明」（vidyā）是智證、智慧，「行」（caraṇa）是實踐修行；明行足，意謂佛的智慧福德、自利利他的功行，一切圓滿具足，故又稱「明行圓滿」。佛的一切知智（正遍知）因爲「明」（智慧）而圓滿，這讓佛了知哪些事對於眾生是有益、無益的，能夠對症下藥；不過，如何化導眾生趨向解脫煩惱？則有賴於大悲心，而大悲心的圓滿則來自於「行」（實踐）。

5. **世間解**（loka-vidu）：佛陀對於世間法，眾生苦本、苦因，以及滅苦的方法，離苦的究竟處，都通達明瞭。所謂的世間，包括行世間、有情世間、空間世間；有名色、五蘊的幻化無常、苦、無我，也有三十一界眾生的習氣與煩惱，以及整體宇宙世界體系。這一切，佛陀全然明瞭，並且從中獲得眞正的自由。

6. **無上士、調御丈夫**（anuttara puruṣa-damya-sārathi）：梵文 anuttara puruṣa-damya-sārathi，譯爲「無上調御丈夫」。由於佛陀之戒、定、慧及解脫知

見，超越了一切衆生，最爲殊勝，所以稱「無上」。佛陀教化衆生就像馴馬師，無論是畜生、人類及非人類，總能運用各種善巧方便，協助衆生慢慢轉向佛法，趨入正道。所以佛又稱「調御丈夫」，能調難調的衆生。

7. **天人師**（śāstṛ deva-manṣyānām）：佛出現於世間，不但教化人類，也引導梵天及諸神，依於四聖諦、八正道，解脫煩惱，證悟聖道，所以又稱「人天導師」。

8. **佛**（buddha）：Buddha 意譯爲「覺者」，即佛陀在菩提樹下證悟眞理，覺悟一切所應知、應斷、應證、應修。佛陀「覺」到了什麼？什麼是應知、應斷、應證、應修的？那就是苦、集、滅、道四聖諦。但他不以自度爲滿足，引導大衆出離生死輪迴，走向解脫的彼岸，所以「佛」是自覺、覺他，覺行圓滿的人。

9. **世尊**（bhagavat）：世尊的音譯爲「薄伽梵」，我們稱佛爲「世尊」，是因爲佛具足百福特相，與萬德相應，是一切衆生中最勝上、最吉祥、最値得尊敬的人。

讓我們練習憶念佛的功德相好，以佛爲榜樣，讓心擺脫煩惱的束縛，生命變得清淨圓滿。

Question

06

佛有哪三十二相？

所謂三十二相，是指佛陀所具足的三十二種殊勝微妙相好特徵，代表佛陀由內在佛德至外在身像都圓滿無缺，又稱三十二大人相、三十二大丈夫相等。

三十二相內容如下：

一、足下安平立相。

二、足下千輻輪相。

三、長指相。

四、足跟廣平相。

五、手足指縵網相。

六、手足柔軟相。

七、足趺隆起相。

八、腨如鹿王相。
九、正立手摩膝相。
十、馬陰藏相。
十一、身廣長等相。
十二、毛上向相。
十三、一一孔一毛生相。
十四、金色相。
十五、大光相。
十六、細薄皮相。
十七、七處隆滿相。
十八、兩腋下隆滿相。
十九、上身如獅子相。
二十、直身相。

二十一、肩圓好相。
二十二、四十齒相。
二十三、齒齊相。
二十四、牙白相。
二十五、獅子頰相。
二十六、味中得上味相。
二十七、大舌相。
二十八、梵聲相。
二十九、眞青眼相。
三十、牛眼睫相。
三十一、頂髻相。
三十二、眉間白毫相。

（李東陽　攝）

佛陀的三十二相明顯易見，稱爲「大相」，另有八十隨形好，較微細難見，稱爲「小相」或「隨相」，大相與小相，合稱爲「相好」。轉輪聖王也能具足三十二相，但是八十隨形好，只有佛陀才能圓滿具足。

Question

07

什麼是三身佛？

釋迦牟尼佛以三種不同的身傳法，即是法身、報身、化身，又稱自性身、受用身、變化身。一些三尊佛像的表現方式，即是採用三身佛形式。大乘佛教稱毘盧遮那佛爲法身佛，盧舍那佛爲報身佛，釋迦牟尼佛爲化身佛。

什麼是清淨法身佛、圓滿報身佛、千百億化身佛呢？

一、**法身佛**

爲佛的自性身，即是以法爲身，是無色無形不可見，卻又能無不遍在的本體佛。

二、報身佛

為佛的功德莊嚴身，是為圓滿功德的表徵。報身佛有三十二大人相，八十種隨形好，每一種隨形好有八萬四千種光，每一種光又有八萬四千種好。報身佛唯有入地菩薩方能得見，一般人是看不見的。

三、應化身佛

即是佛的千百億化身，處處化現、隨類應化、隨機應化，為隨三界六道不同眾生的需求，所化現的身。此身可化為人和各種眾生，方便度化。

佛的一體三身，以釋迦牟尼佛為例，他以人身成佛，但在成佛之當下，已另有「遍在的法身」和「圓滿的報身」，人間的色身不過是「化世的應身」，當此一應身入滅，就永不再來，必須再化現另外一種身分。

Question

08 什麼是佛國淨土？

佛國淨土，是諸佛的願力所成，十方有佛無量數，佛國淨土亦有無量數，北魏的僧人菩提流支所譯的《佛名經》，就已列舉出數千諸佛名號。慈悲的諸佛依本身願力，各自成就佛國淨土，接引有願往生的十方眾生，脫離輪迴，以達最後成佛的究竟之路。佛國淨土可說是佛教思想中的理想國，隨機應化的接引無數人親近佛法，更因爲諸佛的慈悲願力，願度一切眾生，佛國淨土契合大乘佛教的救世利他，成爲佛教徒的重要精神支柱。

諸佛願力所成就

例如位於東方的藥師佛淨土，因藥師佛在過去生曾發十二大願，依願力而成琉璃光世界。此淨土光明清淨，國中沒有女人，也沒有惡道及身心的苦痛，整體而言，其功德莊嚴與西方極樂世界並無差別。由於藥師佛的大願注重現世安樂，解除眾生種種疾病苦難，因此藥師佛被眾生視如藥王、醫王，受到廣泛的信仰。

西方阿彌陀佛淨土，則是阿彌陀佛過去生在佛前發四十八願，勤修精進而成。《無量壽經》、《阿彌陀經》、《觀無量壽經》合稱淨土三經，經中描述極樂世界以黃金鋪地，建物等皆以七寶做成，環境調和舒適，定時傳出雅音，演說解脫的佛法。眾生皆由池中蓮花化生，沒有生老病死，其清淨莊嚴，超越十方一切世界。往生極樂世界的條件，可分為蓮花化生及邊地胎生，以及蓮花九品等，其實無論何種分類，因為阿彌陀佛願力深遠，只要往生極樂世界，皆能不退轉，一直到最後成佛。

綜合經典的敘述，佛國淨土是諸佛以願力，營造清淨且利於修行的環境、恆常說法的場所，眾生不需煩惱生活瑣事，一心在淨土精進修行。

（李蓉生　攝）

難行道與易行道

既然在人間就能修行成佛，諸佛為何發願化現佛國淨土？原因在於成佛之道可分為「難行道」與「易行道」。難行道是指自初發心起，在人間生生世世行菩薩道，過程雖然艱難，容易在挫折中放棄，但能較早達到成佛；而易行道是指藉著諸佛的願力，不再進入輪迴，在淨土修行漸漸成佛，這條路是安全而緩慢的。因此，許多高僧大德選擇難行道，不斷乘願再來人間廣度衆生；對於剛開始學佛者容易放棄，於是佛陀提供易行道，鼓勵大多數佛教徒先求往生佛國淨土，佛國淨土即是讓佛教徒修行成佛的方便法門。為了往生佛國淨土，除了虔心念佛、淨化心靈外，在日常行事上要以行善為先，為社會提供一股安定力量。

佛教肯定佛國淨土為支持信仰的重要精神寄託，但從太虛大師直至聖嚴法師的共識是：「在未往生佛國淨土前，要先將人間淨土建好。」因此佛國淨土將不再是遙不可及的世界，能於我們的一念間，在人間顯現美好的佛國淨土。

廣大無數的佛國淨土，雖是依諸佛的本願而成，但也要加上眾生欲往生的願力，才能使淨土顯現，因此眾生無論想要進入哪一個佛國淨土，都必須具備信、願、行三種條件，先相信佛國淨土的慈悲願力，再發求度的心願，於人世間行善累積足夠的資糧以生佛國。

Question

09

什麼是發菩提心？

學佛不論修學哪一宗、哪一派，都必須發無上菩提心，這是修行的方向，也是必備的條件。所謂的「無上菩提心」，就是《心經》、《金剛經》及大乘經典所說的「阿耨多羅三藐三菩提心」，簡單地說，意思就是「我要成佛」。

菩提心即是幫助眾生解脫煩惱

要成佛，必須先通過菩薩的階位，而欲到達菩薩的階段，必須先發無上菩提心，即是發大願心。例如：普賢菩薩發有十大願，阿彌陀佛在因地時發了四十八願，一切菩薩至少皆發四弘誓願。如《華嚴經．淨行品》中所言：「自歸於佛，當願眾生，體解大道，發無上意。」也是發大菩提心。

（楊仁惠　攝）

上求佛道，下化眾生

發菩提心，實際上就是發願之意，其中最重要的，是發廣度衆生的堅固願心。發菩提心也就是發四弘誓願：「衆生無邊誓願度，煩惱無盡誓願斷，法門無量誓願學，佛道無上誓願成。」修學佛法是爲了自己斷煩惱，同時也幫助衆生斷煩惱，所謂「上求佛道，下化衆生」，自利利他、福慧雙修，就是菩薩行。當完成菩薩行時，就能成佛。菩提心是只爲衆生不爲自己，學佛而不發菩提心，將沒有修行的目標，或即使有目標，也只是個自私自利者學佛成佛。因此要學得像佛一樣智慧與慈悲，成就這樣的善根福德因緣，首先就是要發菩提心。

Question 10

什麼是所有佛菩薩必發的誓願？

佛教徒發的願，是不以自我爲中心，而發清淨、廣大、利益衆生的願，也就是四弘誓願。四弘誓願不僅是學佛的根本大願，也是一切諸佛菩薩必發的願，因此又稱爲佛教徒的「通願」或「總願」。

通願以外，隨著個人的因緣、願力所成就的願，則稱爲「別願」，例如阿彌陀佛的四十八願、藥師佛的十二大願、普賢菩薩的十大願等。

無論通願或別願，都是爲衆生、爲他人、爲無盡的未來所許下的一個大願，這與個人只是爲了成就自己所許下的願，完全不同。

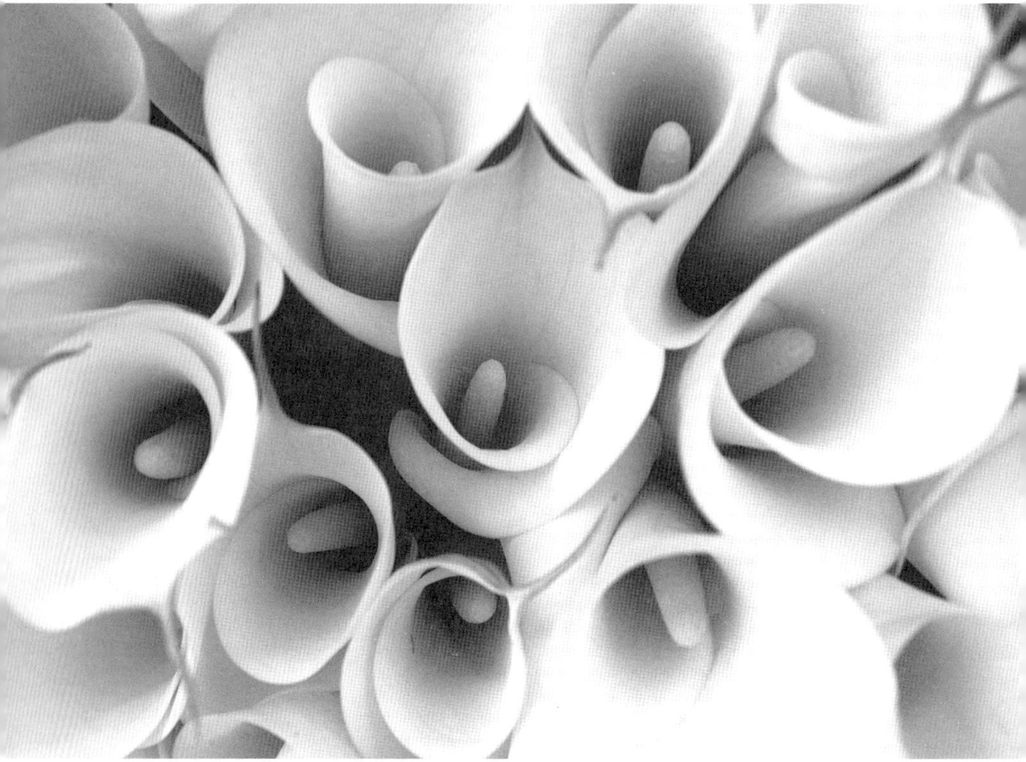

（鄧博仁　攝）

佛教徒的願是生起菩提心、利益一切有情，正因為願心橫跨時空、無限寬廣，所以遇到挫折時不容易退轉，相對於生命中的大願，挫折也就如是在淨土中的雪花，終會消散，所以，只要大方向正確，把握各種因緣主動促成，就不用擔心或煩惱目標廣大而無法達成。

Question

11

佛的身旁爲何有脇侍菩薩？

脇侍即是脇士，爲侍立於佛的左右兩側，是協助佛於教化眾生時的弟子。

佛的弘法助手

一佛常有兩位或多位脇侍，一同隨佛教化眾生。而在佛教造像中，多爲一佛配二脇侍菩薩的造型。例如阿彌陀佛旁有觀音菩薩與大勢至菩薩，合稱爲「西方三聖」；藥師佛旁有日光菩薩與月光菩薩，合稱爲「東方三聖」；毘盧遮那佛旁有文殊菩薩和普賢菩薩，合稱爲「華嚴三聖」。

補位成佛

佛旁的脇侍菩薩，通常都是一生補處的大菩薩，也就是這一生是最後一生，下一生即能補位成佛。

由於佛是法王，一切法不出佛的心，能運用一切法來廣度一切衆生，所以這些一生補處的大菩薩也稱為「法王子」。像是文殊菩薩、地藏菩薩、觀音菩薩、彌勒菩薩，都是法王子。

Question

12

佛菩薩無所不能，有求必應嗎？

眾生有所「求」，佛菩薩即有所「應」。當人們依願去求，確能如願感應，有其感應的力量存在。只不過佛菩薩的悲願、加被力，雖然永遠顧念著眾生，光照著眾生，但是如果眾生沒有「自力」，即自己沒有修持、累積福報、智慧的資糧，甚至沒有眞切的信願，即使佛菩薩的願力無遠弗屆，也無能爲力。

感應道交

要與佛菩薩產生感應，除了對佛、法、僧三寶要有信心，也要相信自己。由相信自己的自力引發他力的感應，進而加強了自力的力量，自信信他，才能夠「感應道交」。

自力與他力是相輔相成的，如此一來「自助而後天助」，必能在宗教上達到自我安慰感的昇華。只是令人疑惑的是，感應這麼殊勝，為何社會上仍不斷以負面的價值來判斷？

問題要回到個人的身上。一般人崇敬佛菩薩，想要產生感應，例如向菩薩許願，希望佛菩薩佑助，往往是從個人出發，與自身的功利息息相關。這種為個人利益的祈求，是出於人性，本是無可厚非，卻容易因利益而使有心人有機可乘，而導致不法的事件。社會上因神通、感應等靈異現象而引發的詐財、欺騙的新聞不斷，探討事件的背後，往往受害者也難辭其咎。因此，從佛教的立場並不特別強調感應的功用，或者說完全他力，沒有理論基礎的宗教感應，並非佛教所特別強調，佛教所認定的他力感應，必須先出於自力的要求。

而且站在佛教的立場，不但相信法界一切有佛菩薩的存在，也承認靈體鬼神的存在，因此如何去分辨他力的感應，是來自於佛菩薩，或者是來自於山、石、樹、木等靈體鬼神，常常也是一般人對感應的疑惑。

面對感應，把心端正起來很重要。因爲佛菩薩本身是沒有私欲的，而人本身會產生感應多半是與自己的七情六欲有關，也因爲有七情六欲，一般人容易被誘導蒙蔽，而產生幻想。

過去禪宗在修行時就強調要非常清淨，而有所謂「魔來魔斬，佛來佛斬」的說法。任何反應、任何感應都要當成平常現象和幻覺幻境處理，才是最健康、最安全的禪修觀念。因爲一般人無法判斷異常經驗的眞假，與其因此患得患失，不如一律視爲是假是幻，會比較妥當正確。

（許朝益　攝）

感應僅是鼓勵，修行才是重點

在修行的道路上，感應只是信仰過程中必然的副產品，一切仍需要智慧來分辨與觀照，正信、正行，加上自己不斷努力才行。倘若修行是爲了追求感應的神祕經驗，便會加重於「我感應到」的執著，此即背離佛陀的教法。將感應視爲信仰的鼓勵，自信信他，才能與佛菩薩「感應道交」，獲得勇氣繼續邁向眞正的目標——精進不放逸的修行。

Question 13

佛爲什麼要度衆生？

所謂度衆生，是佛在發成佛大願時，所立的誓願，也是在沒有成佛之前，尚有自我中心時，所抱持的心願，所以在未成佛前的凡夫或菩薩，是有衆生可度的。如同《金剛經》說：「彼非衆生，非不衆生。」又說：「衆生者，如來說非衆生，是名衆生。」又說：「實無有衆生如來度者，若有衆生如來度者，如來則有我、人、衆生、壽者。」

沒有衆生可度

可是成佛之後，沒有了二元對立的現象，因此，就既沒有了被度的衆生，也沒有能度衆生的佛了，否則便是對立。只要有能度與被度的關係，便不圓滿，並沒有親證法身的全體；因爲一旦親證法身的全體，就無內、無外、無彼、無此。

因此《金剛經》又說：「善男子、善女人，發阿耨多羅三藐三菩提心者，當生如是心：我應滅度一切眾生，滅度一切眾生已，而無有一眾生實滅度者。」

未成佛時的發心菩薩，都要度眾生，故有眾生可度。因從菩薩的立場來說，一定有眾生可度，到了初地以上的菩薩，雖已經知道沒有眾生可度，但他還要度眾生；到了八地以上的菩薩，則是自然運作度眾生，自己卻已經不再有度眾生的努力心。

眾生自度

因此，到了成佛之後，便已不度眾生，實無眾生可度，而是眾生自度，以其善根、福德、因緣的多少，而能感得佛與菩薩的化現而做救濟；那是眾生心中的佛與菩薩，不是佛與菩薩的本身。

（許朝益　攝）

當自己成佛之後，是接受一切衆生的感應，而非佛去感應衆生。所以，一切諸佛成佛之後，他是全知、遍知的，因此名爲正遍知覺，有求必應——衆生有求，諸佛必應。

Question 14

佛教不主張偶像崇拜，爲何還要造佛像？

佛教最初的佛像，相傳是佛陀在世的時候，曾經上生到忉利天宮爲母親摩耶夫人說法，長達三個月不在人間，當時僧俗弟子們非常想念佛陀以及佛的種種教化，於是優塡王便延請工匠雕刻佛陀聖像，最終完成一尊五尺高的旃檀木佛像，之後優塡王每天頂禮佛像，一如佛陀仍在人間遊化示教的景況。

憶念佛的功德

在佛陀涅槃後一百年左右，人們也開始以各種不同的事物做爲佛的象徵，例如法輪、菩提樹、佛塔等，並透過這些物件來憶念佛的功德。

多數佛教徒將佛像當作神祇來崇拜，是無可厚非的，因爲諸佛菩薩的法身遍一切處，只要衆生有所求，諸佛菩薩就會有回應，但這僅僅是「仰信」的階段。如果從正信、實踐的角度入手便會發現，佛像其實是佛教徒修行的工具。

禮佛如佛在

禮佛如佛在，不論是木雕、銅作或泥塑，佛像做爲一種修行上的提醒，可以幫助我們在拜佛的時候，憶念起諸佛菩薩的大願及種種教化事蹟，時時刻刻提醒自己勇猛精進，以佛菩薩爲菩提道上的典範，這才是禮拜佛像的眞義。

透過拜佛，將信仰的力量感通佛菩薩的悲願，從而生起信心、恭敬心、感恩心、慚愧懺悔心，因此修行的根本不在於聖像本身，而是從禮拜中內觀自省，讓身心更爲清淨、柔軟、謙和，禮佛的當下也就是在禮拜自性佛。

Question

15 人人都可以成佛嗎？

佛教認爲佛陀是已經覺悟的衆生，而衆生則是尚未覺悟的佛陀。佛不但說人人都有佛性，甚至說人人本來就是佛。每個人都具有成佛的可能性，只是因爲被煩惱蒙蔽而變成衆生。如果沒有佛性，人便不可能成佛、不能悟道。因此，學佛要對佛法有信心，相信自己有佛性，有覺悟成佛的可能性。

諸佛菩薩教化的對象主要是人。在各部佛經裡，佛陀說法時，主要的請法與聽法者，是人間身的僧俗弟子，而修行佛法，也以在人間最適合。在六道中，天上的衆生太有福報，不易起精進心修行佛法，在畜生道、地獄道、餓鬼道的衆生，因處境痛苦難以修行佛法，唯有人世間是苦樂參半，能讓人懂得要離苦得樂，就要修學佛法。

（許朝益　攝）

一般動物只會照顧同類，不會擴及異類，甚而同類相殘互食。只有人類才能分辨善惡，爲善者有慈憫心，除了關懷人類之外，還能愛護其他一切有生命之動物，此乃基於佛法所說眾生平等的觀點。雖然人類之中也有剛強難化的人，可是比起其他類別的眾生，又較容易理解佛法和修行佛法了。

自己未度先度人

菩薩行者有兩個條件：利人即利己，人成即佛成。菩薩初發心，未度自己先度人，這是大乘菩薩的精神。我們要努力爲人而不爲自己。例如我們思考工作的意義，工作不只是爲了養家糊口，而是能爲大眾奉獻一己的服務力量。若能以這種觀念利人，便是利己，也自然而然會水到渠成，得到社會的尊敬。

人成即佛成

太虛大師說「人成即佛成」，意思是每個人都應該要盡自己的責任，盡自己的義務，盡自己的本分。若能對一切衆生盡到平等救濟的責任，就是「人成即佛成」的內涵。

因此，若能先把「人」做好，就能進一步來觀照原本具足的「佛性」，明心見性，解脫成佛。

2

成佛有方法

Question

16

如何學佛菩薩發願？

爲什麼學佛一定要發願？因爲願是一種生活的態度，也是生命的方向，所以佛教徒從學佛開始，就要發成佛的願、四弘誓願。發了願，就像在佛道上有了導航，能提起心力，勇往直前。

佛經中的諸佛菩薩，都是在久遠劫以前就發了大願，像阿彌陀佛的四十八大願、普賢菩薩十大願……。而佛教歷代的祖師大德，也是受佛菩薩願力啓發，歷經艱辛險阻，卻能秉持發願的初心，提起願力，以自己的生命，爲世間點亮希望。我們效法的佛菩薩精神，即是效法其所發的悲願心，在利人的過程中，完成自我的生命。

發願，不怕大小，但一定要有著力點和執行的步驟，也可以從發近願開始，聖嚴法師就常如此鼓勵大眾：「發願有其次第，從小處著手，從近願開始。存好心、說好話、做好事，是人人可以做到，人人可發的善願。」因此，可以從發願影響身邊的人做起，例如發願讓身邊一起生活的人身心健康、幸福快樂、沒有煩惱等。如此由近而遠、從小到大，有次第、有步驟地，隨著願力一點一滴，不斷地累積、擴大、向前。這就是佛教徒發願的方法與心態。

願是隨時隨地都可以發的，只要心中生起一個善念便能隨之發出，並不一定要按照特定的儀軌或步驟。但如果只是因爲一念的興起或隨口說說，這個願不容易持久；相反地，如果透過法會或在佛像前發願，則能引導我們進入修行的氛圍，從內心深處產生與願望相應的力量，即便日後遇到了挫折，也會自然產生超越的信心和勇氣。因此我們可以透過以下幾個方式來助成發願：

一、佛前禮拜發願

通常是在寺院或家中佛堂，依序供養、禮拜、發願。供養的物品包括香、燈、淨水、鮮花、素果等，即使沒有任何供品也沒有關係，最重要的仍在於以至誠懇切的心來發願，而供養或禮拜的儀式，都是透過對佛菩薩的崇敬，展現對自己所發之願的愼重與殷切。

二、修行活動中發願

透過修行活動的發願，可以在修行之前先發願，確立修行的目的，例如爲生病的親友祈福而發願誦持四十九天《藥師經》，也可以在修行圓滿之後，再發願迴向自己所希望達成的願望。修行活動包括個人平時的定課，如早晚課誦、持咒、念佛等，或者參加團體的精進共修，如佛七、禪七、地藏法會、藥師法會等。一般修行活動儀軌的最後都是以發願迴向做結束，因此在通願之後，也可以在佛前長跪默禱，發個人的別願。

（王傳宏　攝）

三、點燈祈願

點燈是佛教徒最普遍的祈願方式，尤其新春之際，許多寺院都會舉辦點燈、供燈的儀式，透過在佛前屈膝、禮拜的動作，沉澱身心，發起利益他人的菩提願心。

發願的形式或有不同，但主要都是藉由在佛前拈香、供養、禮拜等儀式，讓自己的身心更沉靜、凝聚，繼而生起誠懇、殷切的心，願才能發得深切，也才會很有力地推動自己往前走；而禮佛、點燈都只是一個象徵，任何的願望仍必須靠自己持續地實踐，才能圓滿。

Question 17

菩薩戒爲何是三世諸佛的搖籃？

菩薩所受的戒，稱爲菩薩戒；要做菩薩，必須先受菩薩戒。修學成佛之道，需要通過菩薩的階段。發起無上的菩提心，是從菩薩行開始，所以要受菩薩戒。

諸佛皆受持菩薩戒而成佛

菩薩戒又稱「千佛大戒」。意即一切衆生，一切菩薩，一切諸佛，無一不是由於受持菩薩戒而得成佛。由此可知，菩薩戒功能之大不可思議。菩薩是由於受了菩薩戒而來，又因諸佛均由於受持菩薩戒而成佛，所以菩薩戒是培育三世諸佛的搖籃。

菩薩戒「是諸佛之本源，菩薩之根本；是大衆諸佛子之根本」。不行菩薩道，雖信佛而永不能成佛；要行菩薩道，須受菩薩戒，所以菩薩戒是一切諸佛之能成佛的根本原因，也是菩薩之所以成爲菩薩的根本所在。

菩薩戒的內容

菩薩戒的內容，即是三聚淨戒：止一切惡，修一切善，利益一切眾生。這也就是菩薩所應發的三種誓願：持一切淨戒，修一切善法，度一切眾生。

佛經稱三聚淨戒爲：第一攝律儀戒，第二攝善法戒，第三饒益有情戒。所謂三聚淨戒，就是聚集了持律儀、修善法、度眾生的三大門類的一切佛法，做爲禁戒來持守。菩薩戒既要積極地去惡修善，也要積極地戒殺救生，把不修善與不救生，同樣列爲禁戒的範圍。

三聚淨戒的內容，可說是無所不包：攝律儀戒，涵容大小乘的一切戒律、威儀；攝善法戒，包羅八萬四千出離法門；饒益有情戒，概括慈、悲、喜、捨，廣度一切眾生的弘願與精神。因此，三聚淨戒，也總持了四弘誓願的精神。

菩薩戒的殊勝難得，是因只要受了戒，即已進入諸佛國土的菩薩中，而且戒體是直至成佛，都永不退失的，是一受永受。

Question

18

什麼是四無量心？

慈悲喜捨，稱爲四無量心，又名四等心、四梵行，是佛教最基本的修持。

普利無量眾生

慈悲喜捨的意涵：一、慈無量心能與樂。二、悲無量心能拔苦。三、喜無量心見人離苦得樂而生喜悅。四、捨無量心即捨如上之心不好執著，又能怨親平等，捨怨親想。

有「慈悲」才會布施，而布施不著相，就是「喜捨」。

四無量心，事實上就是用四種大平等心、大智慧心、大慈悲心，平等對待一

（李蓉生　攝）

切衆生，行大布施。四無量心也是大菩提心的內容，成佛的基礎。因爲「無量」即是大，若能修成大慈、大悲、大喜、大捨，就是大雄大力的佛陀了。

念念皆生淨土

一念清淨，一念即見淨土，十念清淨，十念即是淨土，念念清淨，念念皆生淨土。只要一念與佛的慈悲喜捨心相應，我們眼前所處的世界即佛國淨土，此時所見之衆生，將都是修四無量心之衆生。

因此，我們如果希望人間淨土在面前出現，就要練習修行四無量心，我們周圍的環境就會如同佛國淨土般清淨。如果能夠恆常修持四無量心，在成佛時，周遭都會是修行四無量心的衆生，生到我們的國土中來。

修持四無量心，你將會發現，生活周遭的人們變得為之不同，充滿溫暖喜悅。反之，如果你的慈悲喜捨之心生不起來，一則不易成就佛國淨土，二則即使佛在面前，也見不到佛。

Question

19

什麼是四攝法？

佛教所說的四攝法，指的是用四種方法來引導衆生接受佛法：布施、愛語、利行、同事。用這四種方法，先表達對人的關心、勉勵、寬容和諒解，以眞誠的善意和對方往來溝通，之後才用佛法交換意見。這四種方法非常重要，因爲度化衆生時，不能強制衆生接受佛法，要讓他們能夠眞心接受。所以，想要度化衆生，首先就要接納衆生。

一、布施

布施意指和別人結緣，不論是自己的財產、時間、智慧、技能，甚至是自己溫暖的心，都可以用來與人廣結善緣。布施和一般的樂善好施不同，樂善好施大多只是布施醫藥、食物、金錢等日常用品，可是四攝法所說的布施，還要在精神層面上，幫助人們淨化觀念，讓心靈得到成長。例如救災時，不只要布施物資，更要運用佛法來布施，除可讓災區民衆離苦得樂，也能從受苦受難者，變成有能力救苦救難者，一起參與社會服務工作，同行菩薩行。

二、愛語

愛語是指用和悅的態度，與他人溝通討論，這是一種悲心的自然流露。因爲菩薩看衆生，沒有一個不是自己的至親骨肉，沒有一個不是大善知識，沒有一個不是未來的佛。愛語，不只局限於語言。我們的臉部表情、眼神都會講話，連身體動作也會講話，所以稱爲「肢體語言」。只要你有慈悲心，眞誠關心別人，所表現出來的任何一個動作、表情，哪怕只是一句話而已，都會讓人感到非常溫暖，這就是愛語的力量。

（李蓉生　攝）

三、利行

利行即是利益別人的行爲，凡是能給別人方便的行爲，就是利行。每個人在自己的能力範圍內，都可以幫助他人。我們從小到老，都無法單獨一個人生活，很少人會像魯賓遜漂流荒島一樣，過著獨居生活。無論是誰，至少都會和少數幾個人共同生活，即使是單身漢、獨身主義者，也不可能一個人離開社會獨自生活，而不參與人與人之間的關係。既然我們是過著群居的生活，利行就是隨時隨地都可以做的行爲。

四、同事

同事是指將自己融入於所處的社會，讓自己成爲社會所公有的人，隨著社會的需要而改變自己，變成社會所需要的一個人。例如釋迦牟尼在菩薩階段的隨類應化，或是觀世音菩薩的三十二應身，都是同事的最佳典型。但是，將自己融入社會，並不等於隨著社會的感染而失去了自己。融入社會的目的，是爲了領導社會、感化社會。讓自己先認同於對方，使對方容易接受自己，然後再漸漸轉化他，讓他得到佛法的利益，也能離苦得樂，發揮同事的力量。

佛教認爲一個佛教徒，或是正在學習菩薩道的人，是不能離開群衆的，因爲行菩薩道要能做到「衆生無邊誓願度」。既然要度化衆生，就不能夠離開人群而自求安樂、獨善其身，必須把自己奉獻給衆生，並且先放寬胸襟接納衆生的種種問題，幫助他們解決問題，然後才能讓他們放寬胸襟，接受佛法。因此，要用布施、愛語、利行、同事，做善巧地接引度化。

Question

20 如何持誦佛菩薩名號？

不論是哪尊佛菩薩，不論是為了什麼特殊的目的，任何人在任何時地，都可以持聖號修行，專心一致，即能與諸佛菩薩感應。

淨念念佛

持誦佛菩薩名號的要領，與念佛法門相通。念佛並不只是口念，更要心念。念佛的念是淨念，是不與貪、瞋、癡、慢、疑等煩惱心相應的念頭。

念的寫法是上「今」下「心」，今是現在的意思，今心就是現在心，每一個現在的念頭都不離現在的心，就叫作「念」。現在的心可能是雜念、惡念，但只要我們用的是淨念、正念，就是佛號。

念也是繫念，繫是繫緊，用帶子綁起來的意思。念佛就像用繩子把心和佛號綁在一起，或是用佛號把心和阿彌陀佛綁在一起。所以，應該要用心念，而且心要貼著佛號，念念不離口，也要不離心，甚至用全身來念佛。

《法華經》說：「念佛一聲，罪滅河沙。」念任何一佛聖號，都能夠罪滅除愆。而阿彌陀佛「十方衆生十念必生其國」，和觀世音菩薩聞聲救苦救難的慈悲本誓願，也讓阿彌陀佛及觀世音菩薩成爲念佛法門中，最經常被誦持的兩尊佛菩薩；不但各寺院每日的朝暮課誦，必誦阿彌陀佛及觀世音菩薩聖號，佛教徒見面時也會以阿彌陀佛聖號，爲彼此祝福或表示對對方的尊敬。

佛佛道同

依據佛菩薩不同的願力，一般人也會在特殊情境誦持其他佛菩薩的聖號。例如地藏菩薩「地獄不空，誓不成佛」的偉大悲願，成爲大衆在超度亡靈時呼喚的最佳救度者；而能消災延壽、除病離苦的藥師琉璃光王如來，則是許多爲病痛所苦的人呼求的大醫王。

但不論我們持誦哪一尊佛菩薩名號，佛佛道同，都能成就佛道。

Question

21

如何持誦佛菩薩咒語？

佛菩薩的咒語內容，通常與佛菩薩的本誓願力有關，有時是名號，有時是特勝，有時是持物，並在最前面加上歸敬語，後面加上祝禱詞和結尾。

如何才能熟記佛菩薩的咒語，讓持咒更順暢？

通常為反覆誦念，看著咒文並反覆誦念，將咒文與音聲印在腦海裡，時日一久自然可以記住。但是如能了解咒文意義，加上清楚掌握斷句，對背誦咒語更有幫助。此外，也可運用「諧音、圖像記憶」，或是「簡易羅馬拼音」輔助記誦，如此會比用漢音硬記來得省力。而用唱誦方式來背誦咒語，也不失為一種好方法，能透過唱誦像記歌詞般，自然而然背誦。

（王傳宏　攝）

至於常見持誦咒語的方法，大致如下：

一、**計數念誦**

可使用念珠或計數器，誦一遍記一次，從一數到十或百、千、萬，主要是抑制心不散亂，計數念誦有助初學者排除雜念妄想。

二、**計時念誦**

若不計數，改以每天定時專注持咒十五分鐘至半小時，也很適合初學者，幫助養成做定課的習慣。

三、**出聲念誦**

兩耳專注地傾聽自己聲音。聲音的大小以僅能自己聽到爲宜。誦時不急不緩，經由自己專心聽念誦聲，排除雜念，集中意念。

四、心意念誦

即是默誦，不出聲。此種念誦如果本身不容易專注，很容易引起昏沉。

五、眞實念誦

誦咒時，心中思惟咒的涵義，令自心相應，即所謂的口誦、耳聽、心惟，三業合一，得眞大力。如果口誦眞言，而不思惟其義，只能個人受益，但不能有上乘的成就。

持咒並沒有時間或場地的限制，一天二十四小時，一般人除了睡覺外，無論何時何地皆可持咒，沒有什麼禁忌，但能定時、定量最好。如果有做早晚課，每天即會持誦〈大悲咒〉、〈楞嚴咒〉與十小咒。另外，也可固定持念一種咒語當成定課，如〈藥師咒〉、〈準提咒〉等；再爲自己設定一個目標，例如要圓滿一萬次、十萬次或百萬次等。

持誦不同的咒語有不同的功德，初學者可以選擇相應的佛菩薩咒語來持誦，例如修觀音法門者，多持〈大悲咒〉、〈觀音靈感眞言〉、〈六字大明咒〉；修藥師法門者持〈藥師咒〉，修地藏法門者持〈滅定業眞言〉。

雖然許多人最初可能因「許了願」而持咒，最後也的確「滿了願」，但這不是持咒的主要目的，只是持咒的附加價值。許多咒語具有滿願、消除修行障礙、開啓智慧等功用，但這些主要是讓人持咒對佛菩薩產生信心而學佛，因此最重要的是進而學習佛菩薩發願，堅定學佛的初發心。

Question

22

如何持誦佛菩薩經典？

不同的經典記載著不同佛菩薩的願心與德行，閱讀或持誦其經典時，即是在明瞭其法義，也就是在向佛菩薩學習。

在漢傳佛教裡，常見的經典如《心經》、《法華經》、〈觀世音菩薩普門品〉、《地藏菩薩本願經》、《金剛經》、《阿彌陀經》、《藥師琉璃光如來本願功德經》等，每一部經典都蘊涵甚深的法義與佛菩薩的大願，所以不論是持誦、閱讀或抄經，都能長養自我的智慧。

將持誦經典當成定課

如果能將持誦經典當成定課，對於修行格外有助益。因爲閱讀經典時，必須一心專注，所以較不容易產生妄念，對於個人修定很有幫助，一方面有助於熟嫻佛法要義，另一方面藉此開發我們的智慧，擁有如佛菩薩般的智慧與慈悲。

如果是在家課誦，就以誦經的儀式進行。誦經前，以雙手持拿經典末端，拇指、食指扣於封面，其餘三指在下輕捧經典，將經典捧至與眉齊高，向佛問訊後，將經典置放於經架上，禮佛三拜後，開始進行誦念。每課誦一遍，可將功德迴向給十方法界眾生、親友或自己，以示祝福。

如果想要隨身攜帶佛經，隨時隨地用功，現在也有各種經典的隨身讀本可以選擇，無論在戶外、搭車中或上班的休息時間，都可以利用時間隨時用功。由於在外閱讀不像在家課誦般方便，為了避免打擾周遭的人，問訊、禮佛等儀式或可省略，誦念前以合掌方式將經典持拿於胸前，心中做禮佛觀想，接著自然地閱讀，輕聲默念誦讀。平時收放在背包要盡量和雜物分開，避免損傷。

（鄧博仁　攝）

持誦經典的功德

至於持誦經典的功德，幾乎每部經典都會宣說，在《占察善惡業報經》中提及書寫供養經典具有如下之功德：一、於究竟甚深第一實義中，不生怖畏，遠離誹謗；二、心能信解，得正知正見；三、能除滅諸罪障；四、能現證無量功德。

此外，在《金剛經》、《法華經》、《藥師經》，乃至《地藏經》、《維摩詰經》、《無量壽清淨平等覺經》等諸多重要大乘經典中，都明示書寫佛經、受持讀誦、廣爲傳播，有極大的功德。

持誦佛菩薩的經典，既是精進自我修行，也可以迴向祝福親友，更是一種對佛菩薩的供養。無論是在家課誦，還是在外閱讀，透過沉靜地持誦，都可幫助我們攝心，在煩躁喧鬧的環境中安住當下。

Question 23

爲何要拜佛？

印度的菩提伽耶，釋迦牟尼佛悟道的聖地，每天都有身著各色僧袍的出家眾和來自世界各地的佛教徒，在此恭敬禮拜，憶念並感恩佛陀成道、說法、度眾生的種種功德。禮佛如佛在，每當進入寺院殿堂，佛教徒也必定禮佛三拜，在謙恭、柔軟的低頭彎腰跪拜中，表達對諸佛菩薩的崇信歸敬。

三業禮敬，繫念佛德

在佛陀時代，弟子們請佛說法時，通常是「在大眾中，即從座起，偏袒右肩，頂禮佛足，右繞三匝，長跪叉手，而白佛言」。佛弟子伏身頂禮時，以雙手承接佛足，最敬者並以額頭碰觸佛足，身、語、意同時表達禮敬。佛陀入滅後，由於「佛弟子對佛的永恆懷念」，禮拜佛陀舍利塔及巡禮聖跡的風氣，也逐漸興盛起來。

到了西元二、三世紀間，修行念佛法門的人，盛行以清淨的身、語、意三業，進行禮拜、稱名、憶念的修行。其中，禮拜是身業的禮敬，包括合掌、五體投地的禮拜等；稱名是語業的禮敬，例如稱念「南無釋迦牟尼佛」、「南無阿彌陀佛」等；憶念則是意業的禮敬，是指內心的誠信憶念。修行者就在禮佛、念佛、憶念佛功德中，深化了學佛的信心。

動中修定，體驗無我

拜佛也是絕佳的調身方法，拜佛能促使血液循環與肌肉伸展，是一種深入開發自性潛能的律動，更可以訓練高層次的覺照能力，對於身心健康多有助益，拜佛實具有令心喜悅、舒暢、安定的功能。

調身的功能，也有助於禪坐、念佛、課誦等修行更得力。打坐時，若方法用不上、心頭妄念紛飛、身體狀況多的時候，不妨起身到佛前拜佛，一來坦誠面對自己的一切，至誠懇切地懺悔曾經犯下傷害他人的過錯，讓內心的塵垢煩惱、傲慢我執，在彎身拜下時層層剝落，修行就更得心應手了。

拜佛時，透過四念處的身、受、心、法的觀行來練習觀照身心，或是進行「無相禮拜」時，在清清楚楚覺察、了知當下的身心現象中，逐漸看到這些身心現象的本質，都是無常、無我、空，使心寧靜、穩定，不受內外境界所影響。

拜佛，從身體的禮敬動作牽動內在心識的轉化，彎身拜下的同時就在調伏自心，也在熏習內在的善心種子；而透過接觸大地，更能體會我們的生命是與大地息息相關的，能啓發我們的菩提心，懂得感恩大地，發願利益一切衆生。

Question

24 家中佛堂如何供佛？

經典中記載設置佛堂、供養佛像的功德利益，鼓勵了人們供養佛像的行為，事實上，人們在佛堂供養佛像的意義，一是紀念佛陀，向佛像行禮，表示崇敬；二是在瞻仰佛菩薩像時，能憶念佛陀與諸佛菩薩種種教化與大願，例如看到觀音菩薩，要學觀音菩薩；看到阿彌陀佛，要學阿彌陀佛，時時刻刻提醒自身向佛菩薩學習，提起勇猛心切實去做，這才是供養佛像的眞實意義，也是修行之本。

禮拜自己的佛性

佛教徒禮拜佛像，眞正目的是在反省內觀，也是禮拜自己的佛性。佛像的作用是讓人們在生活中見到佛菩薩的容顏，就能提起正念修行。所以，無論是雕刻的、畫的；素材是金、銀、銅、琉璃、泥土、陶土、紙等，只要誠心供養，都有同樣功德。

布置佛堂不一定要拘泥於具體的佛像，只要明白供養佛像的眞義，無論是一張佛卡、一幅佛畫、一尊小佛像，都是可以莊嚴佛堂的法寶，甚至可以佛經代替佛像做供養。

布置佛堂的方法

家庭供奉佛菩薩聖像，不宜太雜亂，可以一佛代表萬佛，以一菩薩代表一切佛菩薩。如果已經有了佛與菩薩的聖像，則置佛像在正中或後上方，菩薩像在兩側或在前下方。

個人在家供養佛菩薩聖像時，不一定要舉行開光儀式，只要以虔誠心、恭敬心將聖像安置供奉，然後以香、花、水果等供品供養，日日不輟，使其保持新鮮、整齊、清潔，就能顯出佛像所在的神聖氣氛，藉此以引發修行道心。

為了保持室內空氣新鮮，燃香要以清香為原則，以天然的材料為佳品，不宜用化學香料或動物香料調製的香，同時一次點一炷香為宜。另外，也可以電燈代替蠟燭。

每日最好能定時的早晚課誦，或至少早晚也須燒香、供水。外出之前，到家之時，也當先在佛前禮拜，以表示感謝、恭敬、繫念之心。

Question

25

如何實踐菩薩行？

菩薩行，是以利他爲方法，以成佛爲目的。利他是基於慈悲，慈悲就是憐憫眾生受種種苦，雖然畏苦、怨苦、恨苦，而又不知如何離苦，菩薩便以利他做爲自利，首先奉獻自己，最後成就自己。唯有最徹底、無條件、無休止地奉獻出自己，方能成就大悲無我的智慧和慈悲。因此，菩薩可以說是最積極的人生榜樣。

虛空有盡，我願無窮

菩薩行有六度萬行；六度是總綱，包括：布施、持戒、忍辱、精進、禪定、智慧，萬行是凡爲菩薩該做的事都要做。但是所謂六度，無一不是爲了度眾生；而萬行不僅是一萬行，更可以是千萬行。人有千千萬萬不同的性格、需求、層次，佛菩薩會很有耐心地滿他們的願。菩薩所發的基本弘願是：度一切眾生、斷

菩薩行
如何成佛道
菩提心為先
何謂菩提心
利他為第一
為利眾生故
不畏諸苦難
若眾生離苦
自苦即安樂
發心學佛者
即名為菩薩
菩薩最勝行

（江思賢　攝）

一切煩惱、學一切佛法、成無上佛道。

除此之外，時時要有無量的心願，願願都是願助衆生離苦難得安樂，要到第八地以上或成佛之後，才不再發願，不用發願，自然而然都在大願海中。所以，菩薩的「一切諸妙願」可用另兩句話表達，即是「虛空有盡，我願無窮」。

做個自度度人的萬行菩薩

我們在日常生活中的一言一行，都是修行菩薩行的機會。孝順父母、布施供養、做好事與說好話，即是在修福。而念佛、拜懺、禪坐、讀經，運用佛法讓自己減少煩惱，即是在修慧。修福修慧的範圍和方法非常多，可以總稱爲萬行。我們要勉勵自己，成爲隨時隨地都能修福修慧的萬行菩薩。

身爲菩薩要難行能行、難忍能忍、難捨能捨，這很不容易做到。人最不能捨的就是自己的生命，其次是兒女親情、名聞利養等。如果我們能用自己的才能、財力、智慧、福報幫助他人，這就是捨，唯有能捨才能有得，這就是在修福；而在幫助他人的同時，自然而然也就在修慧了，當我們在爲別人解決問題時，自己的煩惱也就會逐漸減少，因爲當我們幫助別人解決困難，自己的問題就不是問題了。同時，當我們有困難時，別人也會來幫助我們，所以修福與修慧其實是並行的，眞正有智慧的人一定會有慈悲心，而眞正有慈悲心的人也一定會有智慧、有福報。

3

非認識不可的佛菩薩

Question

26

釋迦牟尼佛是誰？

釋迦牟尼佛，梵語 Śākyamuni，意爲釋迦族的聖人。原名悉達多．喬達摩，爲佛教創始人，被尊稱爲佛陀、釋尊、世尊。喬達摩是釋迦族的姓氏，爲釋迦牟尼佛的姓，悉達多是名字，意爲吉祥、一切功德成就。

釋迦牟尼佛常見造像有坐像、立像、臥像。佛頭有肉髻、螺髮，雙耳垂肩，眉間有白毫，坐像通常爲結跏趺坐於蓮台上，身著袈裟，手做說法印。立像爲站於蓮台上，身著袈裟，右手做施無畏印，左手做與願印。臥像則爲將入涅槃，離開人世前的臥姿。

圓滿證悟，創建佛教

悉達多太子出生於北印度迦毘羅衛國，爲淨飯王的太子。母親爲摩耶夫人，懷孕時曾夢六牙白象入胎，但他出生七日後，母親就去世，由姨母撫養成人。悉達多太子文武雙全，與耶輸陀羅成親後育有一子羅睺羅。但因深感人間生死煩惱迫切，而在二十九歲出家求道。

遍訪名師仍無法解惑，在苦行林進行六年苦行也無益，最後接受牧羊女乳糜供養恢復體力，於尼連禪河洗淨積垢，在菩提樹下以吉祥草鋪座，發願不成正覺，永不起座。經歷四十九天的身心考驗，夜睹明星悟道，證得無上正等正覺，成爲佛陀。

釋迦牟尼佛於鹿野苑教化五比丘悟道後，開始傳道講說四聖諦、八正道初轉法輪，而有出家僧團，佛、法、僧三寶因此具足，此後說法住世四十五年，最後於八十歲，在拘尸那揭羅城的娑羅雙樹間，安詳入涅槃。

以法為師，依教奉行

釋迦牟尼佛臨入涅槃時，有弟子問他：「您入滅後，我們該怎麼辦呢？」佛說：「你們應以法爲師，以戒爲師。」意即只要依佛所說的正法，如法修行，就能證菩提。

釋迦牟尼佛成佛以後，他說出關於自己的修行過程、方法及開悟成佛的經驗而成爲佛法。由佛所說出的成佛過程和方法，稱爲「經」。佛對弟子生活所做的規定，稱爲「律」。佛法，並不限於佛陀親口所說，也不限於三藏十二部。只要合乎三法印的原則：「諸行無常，諸法無我，涅槃寂靜」，就是佛法，如同佛說。

（法鼓文化資料照片）

雖然釋迦牟尼佛已涅槃，但是我們只要信仰佛陀的教法，就能依教奉行而自利利他、學佛成佛。只要佛法留駐世間，就等於釋迦牟尼佛常住世間。

Question

27 阿彌陀佛是誰？

阿彌陀佛，梵語一名 Amitāyus，又名 Amitābha，意思是無量壽、無量光，爲西方極樂世界的教主。阿彌陀佛與觀音菩薩、大勢至兩位脇侍菩薩，合稱西方三聖。阿彌陀佛的造像，也以西方三聖較爲普遍，彌陀像的坐像常爲身結跏趺座、手結定印坐於蓮台，立像則常手做接引印，站於蓮台，另外，阿彌陀佛的二十五菩薩來迎圖也很常見。

莊嚴的極樂世界

據《無量壽經》說，在久遠劫前，有位世自在王佛，當時有位法藏比丘在佛前以四十八願，發願建立莊嚴的極樂世界，修行菩薩道而成佛。法藏比丘經過無數劫的修行，果然願行圓滿成佛，號爲阿彌陀。極樂世界有三大特色：一、自然

（李蓉生　攝）

界豐美：土地平坦，常放光明，生活所需，取之不盡，沒有天災；二、人事界勝樂：衆生皆是諸上善人，相處平等和樂；三、身心清淨：生極樂世界者皆蓮花化生，離一切煩惱，沒有老病死苦。但是發願去極樂世界的人，並非爲享受淨土生活而去，而是希望能與諸上善人一起繼續修行，直到重回娑婆世界度化衆生的機緣成熟，還入娑婆，讓人間能轉爲如極樂世界般美好。

彌陀四十八願，依願修行

與阿彌陀佛相關的經典，最重要的是《阿彌陀經》、《無量壽經》、《觀無量壽經》，合稱爲淨土三經。淨土三經介紹彌陀法門的修行方法：《觀無量壽經》主張以十六種觀想法門，達成往生目的；《無量壽經》主張信仰彌陀四十八願，依願修行必得往生佛國；《阿彌陀經》主張以信願行，執持彌陀名號，求願往生佛國。

最爲人熟知的阿彌陀佛咒語則是〈往生咒〉，被視爲阿彌陀佛的根本咒，全名爲〈拔一切業障根本得生淨十陀羅尼〉。持〈往生咒〉可助人拔除一切障礙、得生淨土。

信佛最重要的是要有信心，信經典中所說有西方極樂世界，信阿彌陀佛的本誓願力要救濟所有的衆生，同登西方淨土的九品蓮位。先要對彌陀的本願有信心，有求生西方的願心，便可決定得到彌陀接引，往生西方極樂世界。

Question

28

藥師佛是誰？

藥師佛，梵語 Bhaisajya-guru，全名藥師琉璃光如來、藥師琉璃光佛，爲佛教東方淨琉璃世界的教主。以琉璃爲名，是取琉璃的光明透澈以喻國土清淨無染。藥師佛與日光遍照菩薩、月光遍照菩薩兩位脇侍菩薩，三者合稱藥師三尊或東方三聖。常見的藥師佛造像，爲結跏趺坐於蓮台上，左手執藥鉢，表示甘露，右手持藥丸，施予病人；也有左手持藥壺、錫杖，右手結手印的造型。

東方淨琉璃世界

在《藥師經》中，佛陀告訴文殊師利菩薩，有一個「淨琉璃世界」，是藥師佛居住、化導衆生的佛土。藥師佛在因地行菩薩道時，感受娑婆衆生現所受的種種苦惱，悲憫而發十二大願，誓願救脫衆生一切病苦與厄難，而成就藥師淨土。

東方淨土由淨琉璃鋪地，宮殿、樓宇、寺院等建築，都是由金、銀、琉璃、瑪瑙等七寶所建成。在東方淨土中，沒有地獄、惡鬼、畜生三惡道，更不會聽聞到人們的痛苦呻吟，這都是藥師佛的願力所成就。藥師佛的十二大願分別是：一、眾生與佛平等，身相莊嚴。二、身琉璃光，開曉幽冥。三、智慧方便，令眾無缺。四、令邪歸正，導小向大。五、具足戒行，毀犯清淨。六、令諸殘疾，根具無苦。七、令諸病苦，身心安樂。八、轉女成男，證得菩提。九、引攝魔外，正見修行。十、令諸刑難，解脫憂苦。十一、令諸飢渴，得妙飲食。十二、令諸貧乏，得妙衣具。

藥師法門的善巧方便

《藥師經》可歸納為三大修持法門：聞名憶念、持咒治病、受持供養。持名念佛是最簡易的法門。〈藥師咒〉則是藥師佛為了解除眾生身心的病苦而說的咒語，因此特別強調持咒治病的利益。修持供養法門，則能得諸佛護念，與增長福報。

（李蓉生　攝）

修持藥師法門能從現世獲得極大利益，表面看是在滿足眾生的現實利益，實則是讓人沒有後顧之憂專心修行，這是佛的善巧方便。無論念佛、持咒、供養，都是幫助我們體解藥師佛所發的大願以及種種善巧方便，無非針對世間的各種問題而生起救拔的心，並啟發我們除了祈請佛菩薩加持護念之外，更要學習藥師如來走入社會和人群，在自利利他中成就菩薩道，這才是修持藥師法門根本。

Question

29

阿閦佛是誰？

阿閦佛，梵語 Akṣobhya，又名不動佛、無動佛、無怒佛，爲東方妙喜世界的教主。阿閦佛的地位，等同於西方極樂世界的阿彌陀佛。阿閦佛的形相，爲藍色身體，袈裟偏袒右肩，結跏趺坐，以右手做觸地印。

於一切眾生不起瞋恚

《阿閦佛國經》說，尚未成佛的阿閦菩薩，曾問廣目如來如何修持才能像諸佛菩薩一樣願行圓滿，廣目如來表示，成就菩薩道非常不容易，因爲菩薩要對所有眾生都不生瞋害之心。阿閦菩薩因此發願不對眾生起瞋心，並以手指觸地證明誓願不退，廣目如來也立即爲他授記，佛號「阿閦」，國土爲「妙喜」。

重視自力修證的淨土

修持阿閦佛法門，往生妙喜淨土的方法，相較於其他只要稱名念佛就能往生的「易行道」淨土，阿閦佛的淨土重視梵行、菩薩行的自力修持，一般被視爲「難行道」，這可能也是阿閦佛信仰在中國沒落的原因之一。

但除了上述條件，還是有方便法門，如：聽聞阿閦佛名號、受持讀誦阿閦佛功德、書寫宣說阿閦佛法門等，如此念念不退轉，也能蒙阿閦佛護佑，往生妙喜世界。

阿閦佛國不以稱名念佛而得救濟，側重性別平等、人間淨化的思想，相當獨樹一幟。阿閦佛要我們發大願、安住菩提心、勤修六度，老老實實地從自己的心地本源上用功，如此一來淨土無須遠求，當下便和阿閦佛相應同行。

（李東陽　攝）

Question

30

觀世音菩薩是誰？

觀世音菩薩，梵語Avalokiteśvara，譯作觀自在菩薩、光世音菩薩，是中國佛教流傳最廣的四大菩薩之一，象徵大悲，普陀山爲觀音信仰聖境。在佛教各種菩薩像中，觀世音菩薩像的種類特別多，應與觀世音各種化身說法有關。

悲心深切，聞聲救苦

觀世音菩薩久遠劫前早已成佛，但他不忍眾生苦，「倒駕慈航」，發悲願心，再示現菩薩身，輔助釋迦牟尼佛與阿彌陀佛度化眾生。〈普門品〉便說：「若有無量百千萬億眾生，受諸苦惱。聞是觀世音菩薩，一心稱名，觀世音菩薩，即時觀其音聲，皆得解脫。」

觀世音菩薩「聞聲救苦」，對衆生的苦難有求必應。因此，人們也特別喜愛修持觀音法門。不論是否爲佛教徒，遇到危難都會念「觀世音菩薩」聖號祈福消災，稱名可說是最易入手的觀音法門。

與觀世音菩薩相關的咒語非常多，在漢地廣爲流傳的是〈大悲咒〉，密教則盛行〈六字大明咒〉、〈十一面觀音咒〉。在法會部分，《大悲懺》是漢地最普遍的懺法，主要意義在於洗滌心靈，通過個人的證覺解脫，發起與觀世音菩薩慈悲力相應的菩提心。

觀音菩薩，普門示現

與觀音菩薩相關的經典，以〈普門品〉與《心經》最爲人們所知。釋迦牟尼佛於〈普門品〉中闡述觀世音菩薩的名字由來，以及觀世音如何遊化娑婆世界爲衆生說法，並說明觀世音爲救度衆生而普門示現，顯現三十三種不同的身分。強調只要有信心，一心持誦觀世音，一切困難災厄，都能免除。《心經》除可以持誦，也可禪觀經義。誦經時，應當體會觀世音菩薩對空性的智慧，學習達到眞正的清淨自在。

讓我們時時在心中向觀世音菩薩祈願，以慈悲之眼觀照世間，進而把手伸向需要幫助的衆生，「念觀音、求觀音、學觀音、做觀音」，成爲觀世音菩薩的手眼，成爲別人生命中的觀音，一起隨著觀世音菩薩抵達智慧圓滿的彼岸。

Question

31

文殊菩薩是誰？

文殊菩薩，全名文殊師利菩薩，梵語 Mañjuśrī，又譯曼殊室利，有妙德、妙吉祥等稱號。文殊菩薩爲釋迦牟尼佛的左脇侍菩薩，代表智慧。因德才超群，居菩薩之首，故稱法王子。雖是中國四大菩薩最早傳入漢地者，以五台山爲信仰聖境，可惜未能普傳。文殊菩薩形像，一般爲天衣天冠，頂結五髻，表佛五智，一手持寶劍象徵智慧斷煩惱，另一手持經典代表般若智慧，以獅子爲坐騎，則表示智慧威猛。

為諸佛之師

文殊菩薩被尊爲佛母、諸佛之師，於無數阿僧祇劫前早已是佛，爲大身如來與龍種上如來，但爲利益衆生，才化身菩薩，協助釋迦牟尼佛弘法利生。在《華嚴經》、《大寶積經》中，都曾提到文殊不但是釋迦牟尼的老師，也是過去無量諸佛之師，他曾發願：「諸佛之中，若有一位，從初發心以至圓成佛道，非文殊勸發，文殊則不成佛。」如此的願心，使得文殊菩薩活躍於大乘經典，爲了弘揚大乘佛法，他不時與佛陀弟子辯法，是大乘空義的奠基者。

文殊菩薩的本願是度一切眾生成佛，所以菩薩的淨土不在佛國，是在眾生中，有眾生之處即是菩薩之佛國淨土。菩薩以五濁惡世的娑婆世界爲淨土，不但顚覆一般人對淨土的想像，在《文殊師利佛土嚴淨經》，也開展文殊法門「煩惱即菩提」的獨到智慧。

文殊菩薩智慧法門

文殊菩薩強調的是究竟空的智慧，沒有分別，所以文殊法門又稱「不二法門」，也是文殊法門的玄妙處。稱念文殊菩薩的聖號「南無大智文殊師利菩薩」，應是最易入手的法門，對培養專注力很有幫助。在文殊菩薩的多種咒語裡，最普遍的是〈文殊五字咒〉，持本咒可開啓智慧。

文殊菩薩的經典非常多，但一般人最熟悉的還是《維摩詰經》，經中描述維摩詰居士生病時，無人敢去探視，最後佛陀派出文殊菩薩，因此激盪出「煩惱即菩提」的不二法門。

象徵諸佛智慧的文殊菩薩，常以出格的語言、非常的手段，與佛陀弟子辯法，可說是成佛之道上的嚴師。一把智慧寶劍，劈斬衆生的黑闇無明，一部般若經卷，啓迪衆生要開發智慧，直截的開示，破除衆生的迷執，使人當下契入空性，轉煩惱爲智慧。他所開展的智慧法門，是成佛之道上不可或缺的必修課。

Question

32

普賢菩薩是誰？

普賢菩薩，梵語Samantabhadra，譯作遍吉，是一位能夠普應十方，做一切方便救濟的菩薩。普賢菩薩與文殊菩薩同爲娑婆世界釋迦牟尼佛的左、右脇侍，被稱爲「華嚴三聖」。普賢菩薩是中國佛教四大菩薩之一，象徵大行，峨眉山爲普賢信仰聖境。普賢菩薩的法像一般爲戴五佛冠金色身，右手持蓮花或玉如意，左手結施願印，半跏趺坐於六牙白象之上。

普賢願王，願海無邊

普賢菩薩在中國受到崇拜和信仰，與《華嚴經》、《法華經》等大乘經典的流傳有密切關係。由於普賢菩薩發起莊嚴國土，成就衆生的十大願，被稱爲「普賢願王」，在實踐上是「以願導行，以行踐願」，因此以十大願王爲指導方針，努力實踐菩薩行，就是弘揚普賢菩薩的行願法門。

普賢菩薩的十大願稱爲「普賢願王」，是所有菩薩願行中最爲尊貴的，因爲每個願都是爲了莊嚴佛國成就衆生而發，而且每個願都要做到「虛空界盡、衆生界盡、衆生業盡、衆生煩惱盡」，因此普賢行願可說是佛教徒實踐菩薩道的榜樣。十大願王內容爲：「一者：禮敬諸佛；二者：稱讚如來；三者：廣修供養；四者：懺悔業障；五者：隨喜功德；六者：請轉法輪；七者：請佛住世；八者：常隨佛學；九者：恆順衆生；十者：普皆迴向。」

十大願王

〈普賢行願品〉是普賢菩薩的主要經典，〈普賢菩薩行願讚〉則可以視爲《華嚴經》的心要。《華嚴經》的宗旨是說明成佛道的因緣果報，而普賢菩薩便是代

（李蓉生　攝）

表著由菩薩因行而證入佛果法界。「普賢菩薩十大願」則是佛教早課必誦功課之一；而〈普賢菩薩警眾偈〉則是晚課必誦的偈子，十大願與〈警眾偈〉早晚呼應，從發願到懺悔、迴向，提醒人們把握時間，勤精進不懈怠。

普賢菩薩雖然願行廣大，卻非遙不可及。普賢菩薩就像菩薩道上的心靈導師，引領我們循序走過信、解、行、證每一段里程，而且告訴我們因果不相捨離，修行的當下就是圓滿的佛果，成佛之道不遙遠，當下實踐即是。

Question

33

地藏菩薩是誰？

地藏菩薩，梵語 Kṣitigarbha，或稱地藏王菩薩。以其久遠劫來屢發弘願，地獄不空、誓不成佛，故被尊稱為大願地藏王菩薩。地藏菩薩是中國佛教四大菩薩之一，象徵大願，九華山為地藏信仰聖境。地藏菩薩主有兩種形相：一為出家相，示現沙門像；二為在家相，通常頭戴天冠，身著袈裟，左手持寶珠，右手握錫杖。

安忍不動如大地

地藏菩薩為何名為「地藏」？《十輪經》中說：「安忍不動，猶如大地；靜慮深密，猶如祕藏。」地藏菩薩如同大地承載眾生罪業，卻安忍不動，因而名為地藏。地藏菩薩在過去生中，曾經有一世為婆羅門女，因母親墮入地獄受苦，於

（鄧博仁　攝）

是變賣家產請購許多供品，以供養覺華定自在王如來的舍利塔，供佛的功德後來果然助母親出離地獄。婆羅門女因不忍目睹地獄的種種苦毒，發願要讓所有衆生都能解脫，這便是地藏菩薩「衆生度盡，方證菩提」的大願。

「地藏三經」是《地藏菩薩本願經》、《大乘大集地藏十輪經》、《占察善惡業報經》，其中以《地藏菩薩本願經》最爲通俗易懂，所以地藏法門修持者多誦持《地藏經》爲定課。

修學地藏菩薩大願法門

持名念佛則是最簡易的地藏法門，只要一心皈依，稱念地藏王菩薩聖號，就能獲得地藏菩薩護念，迅速除障、所求皆遂。而在咒語部分，〈滅定業眞言〉流傳最廣，具有摧伏、散滅一切罪障及惡業的意思。

以大願著稱的地藏菩薩，具有專向苦難處救度眾生的堅強意志，並示現了孝親、救度、懺悔，以及長養、包容萬物的精神。我們可以學習地藏菩薩的承擔力、意志力與包容力，讓地藏菩薩的大願、大孝與種種功德力量，成爲啓發生命的內在寶藏。

Question

34

彌勒菩薩是誰？

彌勒菩薩，梵語 Maitreya，意譯爲慈氏，是釋迦牟尼佛的繼任者，將在娑婆世界降生成佛，被尊稱爲彌勒佛。他的主要造型有菩薩形、如來形和僧人形三種。菩薩形主爲著菩薩裝，表現在兜率天宮爲諸天說法，有交腳而坐的造型，也有右手扶臉頰的半思惟菩薩造型。如來形則是表現下生成佛後的形相，僧人形則是笑口常開的布袋和尚。

修行慈心三昧

彌勒菩薩名爲慈氏，是因從初發心就不食肉，累生多劫，修行慈心三昧。如《心地觀經》說：「彌勒菩薩慈氏尊，從初發心不食肉。」彌勒菩薩平易近人，具有人間性，雖是出家僧人，卻「不修禪定，不斷煩惱」，他不是眞的不修禪定、不斷煩惱，而是保有一點點的煩惱，以在人間輪迴度化眾生。他明知世間是苦，卻仍與眾生同在一起，可見救度眾生悲心深切。

兜率內院與人間淨土

彌勒信仰是中國早期最為流行的淨土法門。彌勒經典影響較大者為《彌勒菩薩上生經》、《彌勒菩薩下生經》、《彌勒成佛經》，合稱「彌勒三經」。彌勒淨土可分兩種：一種是位於天上的兜率內院，另一種是未來成佛時的人間淨土。往生兜率淨土、親近彌勒的方法和條件非常簡單，只要守五戒、八齋、具足戒，修行十善法，是一種易行道。因其容易，所以具有普及性，適合大眾修持。也唯有普羅大眾都能輕易學習佛法，同行同願共所創造美好環境，如此一來不待上生到兜率天上，自然在人間創造淨土。

做爲佛陀的接班人，彌勒菩薩將再下生人間成佛，度化娑婆世界的衆生，因此許多佛教大師發願往生兜率內院。彌勒菩薩提醒我們只要發菩提心，行菩薩道，人人都可以是佛陀接班人，在現世人間開創美好淨土。

Question

35

大勢至菩薩是誰？

大勢至菩薩，梵語 Mahā-sthāma-prāpta，漢譯爲得大勢、大精進等，涵義爲以智慧光普照一切，令衆生離三塗，得無上大力。當他行走時，十方世界皆爲之震動，可見力量之廣大無邊。大勢至菩薩與觀音菩薩同爲阿彌陀佛的脇侍，與觀音菩薩造型的不同處在於，肉髻上有寶瓶，通常手持蓮花。

與觀世音菩薩，同行同願

根據《悲華經》的記載，阿彌陀佛過去爲轉輪王時，觀世音菩薩是第一太子，大勢至菩薩是第二王子。寶藏如來爲轉輪王與第一太子授記後，第二王子也向如來發願，願觀世音菩薩成佛道時，必先請佛大轉法輪，隨佛說法度衆生，行菩薩道利益有情。待佛涅槃後，他才入補佛位。而當他成佛後，所做種種佛事、國土種種清淨莊嚴，正法住世都和觀世音菩薩所做平等無差異。第二王子因發大願要建設廣大莊嚴世界，所以得名「大勢至」，並在觀世音菩薩成佛後才補佛位。

修念佛法門而成佛

大勢至菩薩是修念佛法門而成佛，被尊為淨土宗法界初祖。大勢至菩薩的念佛法門，強調的是「都攝六根、淨念相繼」，時時心繫佛號，用念佛的方法達到禪修的效果。一般修持大勢至菩薩法門，一定會持誦《楞嚴經・大勢至菩薩念佛圓通章》，雖只有二百四十四個字，卻包含念佛的要領。

讓我們學習大勢至菩薩，時時刻刻「如母憶子」地念佛，念念與佛的智慧和慈悲相應，並學習大勢至菩薩的精進力與喜捨心，做個在平淡之中求進步，在鍛鍊中見莊嚴的現代勢至。

Question 36

虛空藏菩薩是誰？

虛空藏菩薩，梵語 Ākāśa-garbha，ākāśa 意為虛空、蒼穹，garbha 意為胎藏、庫藏，密號如意金剛、庫藏金剛等，為佛教八大菩薩之一。虛空藏菩薩代表的天空，與地藏菩薩代表的大地互為呼應。虛空藏菩薩包藏一切功德與福、智寶藏，廣大無邊如虛空。常見的菩薩造像為頭戴五佛冠，右手握散發火焰的寶劍，左手所持的蓮花上，有如意珠，寶劍與寶珠即象徵福、智。

以神力變化娑婆世界成淨土

虛空藏菩薩的住處有兩種說法，一說為住在一切香集依世界的勝華敷藏佛所，另一說，則是住在東方大莊嚴世界的寶莊嚴佛所。虛空藏菩薩曾來娑婆國土，對世尊發出諸問，並述說種種法義。

虛空藏菩薩以神力轉化娑婆，除盡穢惡，如同佛土由衆寶所成的光明世界。讓娑婆衆生無諸苦患；百疾一時除癒；怨惡人皆生慈心。大地皆出妙聲說法，聞其聲者，於佛道皆不退。

獲得多如虛空的寶藏

虛空藏菩薩智慧廣大如虛空，財富遍滿三界，能滿足人們願望。一般所知虛空藏菩薩的修持法門，以「求聞持法」最爲有名，能增強記憶，得到見聞不忘的能力。但其實因虛空藏菩薩發願要幫助衆生直至衆生成佛，不論學習虛空藏菩薩的哪一種法門，皆可獲無量無邊的功德利益。

學習虛空藏菩薩法門，最簡單的方法爲持誦聖號或眞言。依佛經記載，若有人誦持虛空藏菩薩名或咒者，所得福德即如虛空，不但能消除業報障礙，獲得世

（李蓉生　攝）

間、出世間所有的財寶，更能與三世諸佛結下深刻法緣。無論是想求得無上菩提，或往來十方佛土等，都可持咒滿願。

虛空藏菩薩的相關經典，可以虛空藏菩薩四經爲代表：《大集大虛空藏菩薩所問經》、《虛空藏菩薩經》、《觀虛空藏菩薩經》、《大佛頂首楞嚴經虛空藏菩薩空大圓通章》。虛空藏菩薩懺罪法，是依《觀虛空藏菩薩經》而成，可以清淨業障。以慚愧心禮敬十方諸佛，稱念三十五佛名號後，再稱念虛空藏菩薩聖號，依儀軌如法修持後，有可能見虛空藏菩薩現身。

修持虛空藏菩薩法門，與其祈求菩薩賜予有限的財富珍寶，不如將自己的心量放寬如同虛空，學習菩薩的慈悲布施、無量智慧，那便是眞正的取之不盡、用之不竭的虛空大寶藏。

Question 37

伽藍菩薩是誰？

伽藍，梵語 Samghārāma，本是僧伽藍摩的簡稱，意爲僧衆居住的園林，護衛伽藍土地的護法神稱爲「伽藍神」，根據《七佛八菩薩所說大陀羅尼神咒經》，護僧伽藍神有美音、梵音、天鼓、巧妙、歎美、廣妙、雷音、師子音、妙美、梵響、人音、佛奴、歎德、廣目、妙眼、徹聽、徹視、遍觀等十八位，合稱爲「十八伽藍神」。廣義地說，伽藍神並非特指某位，而是護法神的泛稱。

關羽成為佛教的護法

在印度，伽藍菩薩的代表爲佛陀時代的大護法——給孤獨長者、祇陀太子和波斯匿王。佛教傳入中國後，唐宋時期禪宗道場就開始供奉伽藍神，而在天台宗開始供奉關羽蔚爲風氣後，關羽自此被視爲伽藍菩薩，與韋馱菩薩並稱爲佛教的兩大護法神。

一代武將關羽會成爲佛教的護法，與智者大師度化關羽的傳說故事有關。相傳智者大師在荊州的玉泉山入定時，聽到淒厲的慘叫：「還我頭來！還我頭來！」原來是關羽遭孫權斬首後，心中憤恨難平，到處尋找自己的頭。智者大師反問他：「您過去過五關斬六將，也砍了很多人的頭，如今怎麼不還給別人？」關羽當下心生慚愧，求受三皈五戒，成爲佛門弟子與護法神。

為道場築起安全的屏障

因此中國寺院的伽藍菩薩，是手持青龍偃月刀，威武英挺的紅面關羽。寺院在晚課中，會誦念〈伽藍讚〉：「伽藍主者，合寺威靈，欽承佛敕共輸誠；擁護法王城，爲翰爲屏，梵刹永安寧。南無護法藏菩薩摩訶薩，摩訶般若波羅蜜。」以此感念伽藍菩薩爲道場築起安全的屏障，使寺院永保安寧。

Question 38

韋馱菩薩是誰？

韋馱菩薩，梵語 Skanda，是佛教知名的護法菩薩。韋馱天，原爲婆羅門教的戰神，是二十諸天之一，具有六面十二臂，手執弓箭，以孔雀爲坐騎。但在傳入漢地後，現在中國的韋馱菩薩，是韋馱天、密跡金剛與韋琨天將的綜合體。

護法衛教第一人選

相傳在佛滅度後，諸天共商建塔供養佛陀舍利，有一個「捷疾鬼」趁人不備偷走了兩顆佛牙，韋馱菩薩當下就以驚人的腳力，奪回佛牙，獲得諸天的讚揚，成爲護法衛教的第一人選。

密跡金剛是護持佛教的夜叉，在《阿含經》中，當外道不回應佛陀的詢問時，即以金剛杵當頭威嚇：「若不速答，碎汝頭爲七分！」這位孔武有力的護法，來頭可不小，《大寶積經・密跡金剛力士會》描述，密跡金剛過去曾爲轉輪聖王的王子法意，他發願護持千位兄長成佛，因此現夜叉身，以金剛杵降魔護教，雖然橫眉怒目，其實爲大菩薩。

韋琨天將一說則始見於唐朝《道宣律師感通錄》，精進修行的道宣律師，感應到數位在韋琨天將手下做事的天人，得知這位韋將軍是南方增長天王之下，八位將軍之首，長修童貞梵行，受到佛陀囑咐護持佛法與出家人，因而每有鬥爭魔擾之事，都會前往排解。

手持金剛杵降魔護法

由於韋馱天與韋琨天將名稱相近，而韋琨天將的護法形相也類似於密跡金剛，在韋琨天將的事蹟廣爲流傳後，韋馱天、密跡金剛、韋琨天將三者形相逐漸

（鄧博仁　攝）

疊合，韋馱菩薩遂被形塑爲手持金剛杵的年輕中國武將。

寺院在早課時，會誦念〈韋馱讚〉：「韋馱天將，菩薩化身，擁護佛法誓弘深，寶杵鎮魔軍，功德難倫，祈禱副群心。南無普眼菩薩摩訶薩，摩訶般若波羅蜜。」以此讚歎韋馱菩薩看護一切修行人、擁護佛法的大願與功德。

4

與佛菩薩心心相印

Question

39

爲什麼念一句「阿彌陀佛」就可以往生淨土？

《阿彌陀經》明白指出「持名念佛」，是往生西方淨土最明確、直接、容易的方法。

心繫阿彌陀佛淨土

阿彌陀佛四十八願的第十八願即指出「臨終十念」，甚至「臨終一念」，是往生西方的方便法門。第二十大願更直接說明，甚至不需要稱名、持名、觀想、觀像念佛，只要人們聽到「阿彌陀佛」的佛號，心繫阿彌陀佛淨土，一定可以往生西方淨土。

只要相信阿彌陀佛的願力，願生西方淨土，即蒙慈悲，接引往生。當我們念

（江思賢　攝）

佛時，心中能和慈悲與智慧相應，也就是與阿彌陀佛的無量光相應；我們的心恆常不離阿彌陀佛的佛號，如與佛同在，這也是無量壽。

持名念佛易修行

佛法八萬四千法門中，最方便簡捷、最圓妙的法門就是一句「阿彌陀佛」。《大集經》云：「若人但念阿彌陀，是名無上深妙禪。」行住坐臥、動靜之間，若能轉妄想亂心爲聲聲佛號、念念彌陀，當下即身處「無有衆苦，但受諸樂」的極樂世界。

然而，修行淨土法門最重要的還是信願行，想要求生西方淨土，仍必須以堅定的信心，發願往生極樂世界，並在日常生活中持守五戒十善等清淨行。

Question

40 阿閦佛與藥師佛的東方淨土是一樣的嗎？

阿閦佛的妙喜淨土與藥師佛的淨琉璃世界，並非是同一佛國淨土。由於阿閦佛與藥師佛都在東方成就淨土，加上密教信仰中，這兩尊佛的形相皆呈現藍色琉璃光，因此一般人往往將阿閦佛錯認爲藥師佛，連帶也把兩方淨土混爲一談了。

從地理位置來看，藥師佛的琉璃淨土距離我們居住的娑婆世界，大約在十恆河沙等國土之外，阿閦佛的妙喜國則是東方過千佛剎之處。無論是「恆河沙」或「千佛剎」都可算是天文數字，看似遙不可及，但比起十萬億佛土之外的西方極樂世界，似乎又近了一些。

本願不同，成就的淨土也不同

佛菩薩本願不同，成就的淨土自然也不一樣。藥師佛以除滅衆生的一切苦惱爲本願，因此淨土中沒有三惡道、人沒有性別相，更不會聽到人們因爲種種痛苦而發出的抱怨、呻吟聲，是一個清淨和樂、沒有身心病苦的世界。而且東方淨土以琉璃爲地，宮殿、樓閣皆爲金、銀、琉璃、瑪瑙等七寶所建，整體而言，相當接近西方極樂世界。

改善與提昇娑婆世界

圓滿光明的極樂世界可是阿彌陀佛經過了五劫的思惟與修行、參考二百一十億個佛土之後才建立的莊嚴國土；相較於此，阿閦佛的妙喜淨土則是從改善、提昇娑婆世界而來。

妙喜國有男有女，雖然仍有欲事，但不執著於愛欲、女人也不受產難之苦，是個強調性別平等的淨土。此外，妙喜國雖然沒有金碧輝煌的城闕宮閣，但國土廣袤平正、飲食充足，而且人人少欲知足，幾乎沒有貪、瞋、癡煩惱，妙喜國在理想化的程度上雖不及極樂淨土，但在道德、社會、文化方面勝過其他淨土。

Question

41

不動如來是不動明王嗎？

雖然同樣以「不動」爲名號，但「不動如來」與「不動明王」的位階、願行、形相，卻截然不同。

不動的意義不同

不動如來，是阿閦佛的另一個稱號；由於阿閦佛發願於一切衆生不起瞋恚，不動怒所以稱作「不動」，經過累劫的修行，已經成就佛道，現爲東方妙喜世界的教主。而不動明王的「不動」，指的是「菩提心寂然不動」，有不動金剛明王、不動使者或無動尊之稱，屬於密教的守護神，也是五大明王的主尊，位列現圖胎藏界曼荼羅持明院之最南端。

慈悲相與忿怒相

除了上述差別，阿閦佛和不動明王的長相也大不同。不生氣的阿閦佛總是面帶微笑、一臉和善，左手握金剛拳執持袈裟一角，右手下垂觸地（爲降魔印）；不動明王則是橫眉怒目，這是因爲不動明王受了大日如來的囑託，示現忿怒相來降伏一切惡魔，保護修行人。不動明王右手舉劍、左手持羂索（煩惱業障），意在幫助修行人用智慧劍摧折種種煩惱束縛，讓修行人菩提心不退，斷惡修善。

Question

42

觀音菩薩眞的有求必應嗎？

觀音菩薩「千處祈求千處應，苦海常作度人舟」，是與世人最有感應的菩薩。衆生只要誠心祈求，觀音菩薩必定循聲尋至，而且無一處不往、無一人不救，衆生只要一心稱「觀音菩薩」名號，觀音菩薩隨時隨地幫助衆生。爲何觀音菩薩如此慈悲呢？

這與觀音菩薩所發的願有關，因爲他修持「觀音妙智力，能救世間苦」。所以當人們遇到災難時，總會呼出或心念「觀音菩薩」聖號，而觀音也慈悲感應、援助。《華嚴經》裡，善財童子參訪觀音菩薩時，觀音菩薩向他說自己修的是大悲行解脫門，發願要解除一切衆生的苦痛，救護一切有情並免除怖畏。

（鄧博仁　攝）

觀音靈驗，有求必應

正因為觀音菩薩聞聲救苦、大慈大悲、有求必應，不僅觀音信仰遍布東南亞，其感應事蹟也是最多的，從古至今，觀音菩薩的感應事蹟總是不斷出現在我們的身邊，許多事蹟也被記載、流傳民間而歷久不衰。

這些感應故事都有一個前提，必須虔誠堅信。若能以自己的信仰行為和願力，向觀世音菩薩學習，便能更容易與觀音菩薩的願力相應，也更容易得到感應。聖嚴法師曾說臨時遇難向觀音菩薩求救，觀音固然會相救，可是如果平時不念觀音聖號，臨難時恐怕也很難念出，所以觀音菩薩雖是有求必應，人不求他，他無法相應，因為感應是從虔誠的信仰中產生的。

大悲心起，觀音感應

我們除了虔誠禮拜觀音菩薩外，又該如何求得觀音菩薩的感應？要求觀音菩薩的感應，要從自身做起，先有虔誠的信仰，深信因果業報，向善改惡，學習菩薩的慈悲，並化做積極的行動力。如同印順長老在《佛法是救世之光》中說：「眞正信仰觀音菩薩，不僅是臨時救急，更應重於平時的實踐，在忠實的實踐中，得菩薩的感應，自能解脫現生的苦痛與內心的熱惱。」人人只要實踐觀音菩薩精神，都可以是「有求必應」的觀音菩薩現代化身。

Question

43

觀音菩薩有幾種應化身？

《楞嚴經》提到觀世音菩薩以三十二種應化身，遊化於娑婆世界，且遍遊十方，無剎不現身，也就是有什麼樣性格的衆生，便直接以這種根性的身分來度化他們，引導他們進入佛道之門，希望他們成爲大解脫者、成爲菩薩、成爲佛。

妙淨三十二應

三十二應化身的類別可分四大類：

一、應聖乘：佛、獨覺、緣覺、聲聞。

二、應諸天：梵王、帝釋、自在天、大自在天、天大將軍、四天王、四天太子。

三、應人趣：人王、長者、居士、宰官、婆羅門、比丘、比丘尼、優婆塞、優婆夷、婦女、童男、童女。

四、應八部：天、龍、藥叉、乾闥婆、阿修羅、緊那羅、摩睺羅伽。

觀世音菩薩爲了適應眾生，使眾生脫離現在的身分與環境，修菩薩行而成佛道，所以顯現不同的身分來分別救濟。雖然菩薩變化無盡處處現身，但沒有一定的形相，沒有執著哪一種身相是他自己的，所以稱爲「妙淨」三十二應。

三十三觀音

另外，在〈普門品〉中，佛陀則以觀音菩薩隨緣變現三十三身，說明觀音菩薩的方便遊化。智者大師將這三十三身分爲八類：

一、聖身（三身）：佛、辟支佛、聲聞。
二、天身（六身）：梵王、帝釋、自在天、大自在天、天大將軍、毘沙門。
三、人身（五身）：小王、長者、居士、宰官、婆羅門。
四、四眾身（四身）：比丘、比丘尼、優婆塞、優婆夷。

（鄧博仁　攝）

五、婦女身（四身）：長者、居士、宰官、婆羅門婦女。

六、童男女身（二身）：童男、童女。

七、八部身（八身）：天、龍、夜叉、乾闥婆、阿修羅、迦樓羅、緊那羅、摩睺羅伽。

八、執金剛神（一身）：執金剛神。

觀音菩薩慈悲濟度衆生，自在示現了三十三種形相。由於〈普門品〉的流傳和諸多感應傳、靈驗記的推波助瀾，觀音菩薩的大悲普門妙用，從古至今廣爲世人讚歎隨喜，而觀音菩薩的示現，也成爲造像匠師創作刻畫的題材，這些觀音像可綜合成三十三種，故稱三十三觀音。

依《佛像圖彙》所載，三十三觀音即是：1. 楊柳觀音。2. 龍頭觀音。3. 持經觀音。4. 圓光觀音。5. 遊戲觀音。6. 白衣觀音。7. 蓮臥觀音。8. 瀧見觀音。9. 施藥觀音。10.魚籃觀音。11.德王觀音。12.水月觀音。13.一葉觀音。14.青頸觀音。15.威德觀音。16.延命觀音。17.衆寶觀音。18.岩戶觀音。19.能靜觀音。20.阿耨觀音。21.阿摩提觀音。22.葉衣觀音。23.琉璃觀音。24.多羅尊觀音。25.蛤蜊觀音。26.六時觀音。27.普悲觀音。28.馬郎婦觀音。29.合掌觀音。30.一如觀音。31.不二觀音。32.持蓮觀音。33.灑水觀音。

其中，除了白衣、青頸、多羅尊、葉衣、阿摩提等五觀音外，皆爲唐代以後民間流傳信奉的觀音形相。

「三十三」意指多數，表明觀音菩薩的隨緣應化，觀音菩薩的示現其實不止於這三十三身。

Question

44

地藏菩薩是閻羅王嗎？

地藏菩薩經常出入地獄，又有「幽冥教主」之稱，因此這個頭銜讓人把他和民間傳說的閻羅王混為一談。

民間神話傳說

佛教信仰中，沒有掌管地獄的閻羅王，不過有一「閻摩天子」（Yama），閻摩天子源於印度吠陀神話，是負責引導亡靈到天國享福的神祇，被印度人視為冥界的審判官，而這個思想引入佛教後發展為夜摩天，是個遠離爭鬥、持戒利他的天界，和閻羅王一點關係也沒有。至於十殿閻羅的說法，則是摻雜了佛教和道教而衍生的民間神話，所以不論夜摩天或者閻羅王，都不是地藏菩薩。

不只救地獄眾生離開地獄

地藏菩薩雖然發願「地獄未空，誓不成佛」，但這並不是說地藏菩薩只救地獄眾生離開地獄而已，同時，也救度眾生免於墮入地獄；事實上，他和觀音菩薩一樣都有千百億化身，救度某一類眾生時，就會變成那一類眾生的樣子，幫助我們行善修慧，不墮惡道。

（許朝益　攝）

Question

45

修持地藏法門易招感鬼神嗎？

佛教不談怪力亂神之事，主要宣揚的對象是人，但相信其他有情，如鬼神、動物也能信受佛法，所以誦經只要專誠一意，便可能感得有情眾生來聽經聞法。

如果真心有感，佛菩薩自然有應，仍然要如常誦持，並學習地藏菩薩生起救度一切眾生的悲心。《地藏經．如來讚歎品》裡提到，如果在夢中看見鬼神形相，有的悲苦、有的恐怖，並不需要害怕，這是過去生中的親人墮在惡道，希望能獲得我們的救拔，所以誦經時也可以觀想累劫的六親眷屬一起來聽經聞法，並且把功德迴向一切有情，祝福他們脫離惡道，因此，誦《地藏經》不但幫助自己修行，也能資益有情，可說是冥陽兩利的事。

Question

46

眾生無邊，地藏菩薩能度盡地獄眾生嗎？

地藏菩薩說：「地獄不空，誓不成佛。」但是眾生數量多至難以計數，如何能夠全部超度？菩薩發心，不考慮自己何時得解脫、何時得救濟、何時出離三界苦難，只想到如何使眾生離苦得樂，不因困難而退轉道心，這就是菩薩精神。

佛前發願的力量不可思議

地藏菩薩曾在過去無量無數如同恆河沙那般多的佛面前，發下宏誓大願，要以無比堅固的願力成熟、利益一切眾生，度一切有情，讓他們從種種煩惱憂苦中解脫，所求、所願皆能滿足。

正因爲地藏菩薩在那麼多尊佛之前，發了如此宏大的誓願，所以力量相當

（鄧博仁　攝）

強，在一日一夜，或一頓飯的時間，就能夠度「百千俱胝那由他」數量的衆生。「俱胝」在印度是用來形容數量達千萬或億，「那由他」是千億或百萬的意思，「無量百千俱胝那由他」，是無量百千萬億、無法計算的意思。而且，他不僅是度人，還要度盡六道中的衆生，在人間時度人、在天界時度天、在畜生道時度畜生、在餓鬼道時度餓鬼、在地獄時度地獄。地藏菩薩為什麼能在一日一夜之間，乃至於吃一頓飯的時間，就能度那麼多的衆生？因爲他用的是分身、化身。

地藏菩薩循聲救苦

地藏菩薩也像觀音菩薩一樣能循聲救苦，分身無量百千億來度脫所有一切衆生。度衆生，大致可分爲兩類：第一類是爲衆生消除種種災難障礙，第二類是幫助衆生得到善果的利益；也就是說一種是除障，另一種是生善，以這兩種方式幫助衆生離苦得樂。

地藏菩薩能使一切「如法所求」的衆生，意願滿足。「如法所求」有兩層意思，第一是依循經典中所說的方式修持地藏法門；第二是如同所有經典所說，要在因果的原則下，祈求佛菩薩，佛菩薩就能夠讓我們滿願，若是所希望求得的動機和目的不合因果，地藏菩薩是不會助他如願滿足的，例如發橫財或陷害人。

我們不能只是求地藏菩薩給我們消災免難，也要學地藏菩薩發大悲願，並照著去做，自己必會增長智慧與慈悲，也能夠持戒、修定、修慧，如此便能自利利人，也才能夠眞正生天，得眞解脫，早日成佛。

Question

47 爲什麼說文殊菩薩智慧第一？

提到智慧第一的菩薩，一定會想到文殊菩薩，許多經典中都可見文殊菩薩的絕妙睿智與靈巧說機，以及他殺佛破執著的犀利描述。依一般民間習俗，學生求金榜題名必拜文昌帝君，而佛教有些寺院會在考季前，擺設佛足，讓考生膜拜與摸足，取「臨時抱佛腳」之意，希望文殊菩薩能多多加持。

得六種不同智慧

修持文殊法門，可得六種不同智慧，即速慧、深慧、廣慧、說法慧、辯法慧與撰述慧。一般人見文，大多只能知道一種意義，但具速慧的人，見一字可知多如百種內義；具深慧的人，看似不經意的發問，其問題是具有深義的；廣慧是指涵括多方面智慧；有說法慧的人，講經時極爲善巧；有辯法慧的人，精於辯論法義，口才很好；有撰述慧的，即具有法義論著寫作的才能。除了六種具體的智慧，修持文殊法門還有許多利益，增長智慧只是其一，但有了智慧，讓我們更具自利利人的能力。

增長智慧的不二法門

佛教強調悲智雙運，學佛以戒、定、慧三學為基礎，尤其經典浩瀚如海、法門無量，沒有智慧是很難深入經藏，看透佛法的方便與圓融。智慧，讓人明因果、斷煩惱，懂得緣起性空，知道藉假修眞，方能脫離生死苦海，所以文殊法門一向被視為增長智慧的不二法門，也是入佛學道的基礎。因此，要開智慧、增智慧，要向智慧第一的文殊菩薩學習。

Question

48 爲何普賢乘象、文殊騎獅，成對出現？

普賢菩薩與文殊菩薩常如兄弟般，出現在石窟入門或者佛龕兩側，而且通常會以普賢乘象、文殊騎獅的方式，成對出現。

華嚴三聖

普賢、文殊菩薩像常成對出現，主要出自《華嚴經》的典故，在〈入法界品〉中，善財童子首訪文殊後接受建議進行五十三處參訪，最後至普賢菩薩處完成旅途，因此普賢與文殊成爲《華嚴經》中最重要的二位菩薩。

唐代起《華嚴經》流行廣播，華嚴教主毘盧遮那佛，文殊、普賢爲脇侍菩薩，成爲「華嚴三聖」。在漢傳佛教流行的區域裡，不論中國大陸、日本、韓國、臺灣等，都常常看到華嚴三聖被奉於殿堂之上。

智行合一

通常文殊菩薩會以象徵智慧力量的獅子爲座騎，脇侍於佛的左側；普賢菩薩則以象徵堅忍精神的六牙白象爲座騎，脇侍於佛的右側。在大乘佛教裡，文殊菩薩代表「大智」，普賢菩薩則代表「大行」，「智行合一」表示智慧與實踐合而爲一，相輔相成。修行菩薩道，既需要文殊菩薩的智慧劍破除成見，也需要普賢菩薩的行願力來開創新局。

（李蓉生　攝）

為何普賢乘象、文殊騎獅，成對出現？

Question

49

彌勒菩薩是布袋和尚嗎？

彌勒菩薩的形相，大致可分爲菩薩形、如來形和僧人形三類。按照經典所述，彌勒菩薩最重要的身分是繼承世尊，在下一世的閻浮提世界中成佛，因此彌勒的現況、未來、及應化人間的形相，也就是主要形相的樣態。

慈愛的布袋和尚

儘管佛經說要等億萬年後彌勒才會降生，但對於引領期盼的大衆來說，早已迫不及待，因此創出許多下生的彌勒佛身影。特別在彌勒菩薩信仰深入民間後，更出現了種種應化人間的傳說，例如說契此和尚是彌勒應化的事蹟，「契此」也就目前常見的僧人彌勒像。依據《宋高僧傳》及《景德傳燈錄》所載，傳述五代後梁一位契此和尚，身材肥胖，常用杖荷一布袋，儲存所有供身之具，當時人們稱爲長汀子布袋師，被認爲是彌勒菩薩的化身，塑像經常以滿面笑容、袒胸露腹的慈愛形相，被人稱爲歡喜佛或大肚彌勒佛，也就是目前在寺院中常見的形相。

充滿人間性格

彌勒形相會發展爲笑容滿面的慈祥和尚，意味著彌勒的信仰從傳承佛陀教法的嚴肅宗教，經下生人間救度到知足自在的人間性格，從中可看出彌勒信仰的發展軌跡，或許也是彌勒信仰被認爲易行道的緣由。

Question

50

爲什麼彌勒菩薩是佛陀接班人？

彌勒菩薩是親蒙佛陀授記成佛的未來佛，可說是佛陀指定的「接班人」。據經典記載，佛陀與彌勒過去世爲菩薩時，其實均有一顆未來成佛的心，但爲何彌勒會晚於佛陀成佛呢？

一偈讚佛提早成佛

釋迦牟尼與彌勒過去曾在弗沙佛座下同發菩提心，弗沙佛爲了度化二人，入定觀察因緣，發現釋迦牟尼的心還未純熟，但與他有緣的衆生皆已堪受法義；而彌勒的心已純熟，但是弟子們的得度因緣多未成熟，於是弗沙佛決定先助釋迦牟尼成佛，因爲一人的心容易度化，衆人的心難以在短時間內同時轉變。

（李蓉生　攝）

弗沙佛於是到山窟中入火定，上雪山採藥的釋迦牟尼見到異象，七日七夜不曾閤眼，於是吟出讚佛偈：「天上天下無如佛，十方世界亦無比；世間所有我盡見，一切無有如佛者。」釋迦牟尼因「一偈讚佛」，而早彌勒菩薩九劫成佛。

尚未成佛的原因

《悲華經》中也提到，爲何較早發願的彌勒卻尚未成佛？彌勒在無量無邊劫中，以師子遊戲自在三昧，供養無量諸佛、種不可計數善根功德，無量諸佛皆因此爲他授記，原來，彌勒早就可以成佛，但是以其久在生死的本願，故等待時機成佛；當彌勒解釋完自己爲何仍不成佛後，釋迦牟尼佛當場也爲彌勒授記爲佛。

彌勒菩薩給予我們的啓思在於：化娑婆爲淨土，人人有責。因此，人人其實都應以「佛陀接班人」自居，做一個發菩提心，弘揚正法的「凡夫菩薩」。藉由五戒來淨化自己、成長自己，同時用十善關心他人、幫助他人，讓我們的家庭、生活、校園、職場、族群與自然環境，因為佛陀正法，更加美好。讓娑婆世界化為人間淨土的願景，早日實現！

學佛入門Q&A 4

佛菩薩50問

50 Questions about Buddhas and Bodhisattvas

編著	法鼓文化編輯部
攝影	王傳宏、江思賢、李東陽、李蓉生、許朝益、楊仁惠、鄧博仁
出版	法鼓文化
總監	釋果賢
總編輯	陳重光
編輯	張晴
美術設計	和悅創意設計有限公司
地址	臺北市北投區公館路186號5樓
電話	(02)2893-4646
傳真	(02)2896-0731
網址	http://www.ddc.com.tw
E-mail	market@ddc.com.tw
讀者服務專線	(02)2896-1600
初版一刷	2015年5月
初版三刷	2019年3月
建議售價	新臺幣180元
郵撥帳號	50013371
戶名	財團法人法鼓山文教基金會—法鼓文化
北美經銷處	紐約東初禪寺 Chan Meditation Center (New York, USA) Tel: (718)592-6593 Fax: (718)592-0717

法鼓文化

國家圖書館出版品預行編目資料

佛菩薩50問 / 法鼓文化編輯部編著. -- 初版.
-- 臺北市 : 法鼓文化, 2015. 05
面 ;　公分
ISBN 978-957-598-670-4(平裝)

1.佛教信仰錄 2.佛教修持

225.8　　104004997